AF617444

CLAVES PRÁCTICAS
Laborales Sagardoy
FRANCIS LEFEBVRE

Novedades en la protección de la discriminación en materia laboral tras la Ley 15/2022

Fecha de edición: 23 de enero de 2024

Esta monografía de la Colección
CLAVES PRÁCTICAS Laborales Sagardoy
es una obra editada por Francis Lefebvre
bajo la coordinación de:

MARTÍN GODINO REYES
(Socio Director de Sagardoy Abogados. Doctor en Derecho y Profesor del Máster de Acceso a la Abogacía de la Universidad Carlos III)
y **GEMMA FABREGAT MONFORT**
(Catedrática de Derecho del Trabajo y de la Seguridad Social de la Universidad de Valencia. Of Counsel en Sagardoy Abogados)

AUTORES:

Montserrat Alonso Paulí
Socia de Sagardoy Abogados

Alicia Moro Valentín-Gamazo
Socia de Sagardoy Abogados

Gisella Rocío Alvarado Caycho
Abogada Asociada de Sagardoy Abogados

Lefebvre-El Derecho, S. A.
Monasterios de Suso y Yuso, 34. 28049 Madrid. Teléfono: 91 210 80 00.
clientes@lefebvre.es
www.efl.es
Precio: 37,44 € (IVA incluido)

ISBN: 978-84-19896-75-9
Depósito legal: M-3271-2024

Impreso en España por Printing'94
Paseo de la Castellana, 93, 2º – 28046 Madrid

Plan general

nº marginal

nº marginal

Página

Abreviaturas

art. artículo
CCol Convenio colectivo
CDFUE Carta de los derechos fundamentales de la Unión Europea
CEDH Convenio Roma 4-11-1950 europeo para la protección de los derechos humanos y de las libertades fundamentales (Instr. Ratificación 26-9-79)
Const Constitución Española
cont-adm contencioso-administrativo
Dir Directiva
EDJ El Derecho Jurisprudencia
ET Estatuto de los Trabajadores (RDLeg 2/2015)
ET/95 Estatuto de los Trabajadores (RDLeg 1/1995)
ETT Empresa de Trabajo Temporal
JS Juzgado de lo Social
L Ley
LGSS Ley General de la Seguridad Social (RDLeg 8/2015)
LISOS Ley sobre Infracciones y Sanciones en el Orden Social (RDLeg 5/2000)
LO Ley Orgánica
LPRL Ley de Prevención de Riesgos Laborales (L 31/1995)
LRJS Ley reguladora de la Jurisdicción Social (L 36/2011)
OIT Organización Internacional del Trabajo
OM Orden Ministerial
RAE Real Academia Española
RD Real Decreto
RDL Real Decreto-ley
Rec Recurso
RGPD Reglamento general de protección de datos (Rgto (UE) 2016/679)
SEMAC Servicio de Mediación, Arbitraje y Conciliación
SEPE Servicio Público de Empleo Estatal (antes INEM)
TCo Tribunal Constitucional
TCT Tribunal Central de Trabajo
TFUE Tratado de Funcionamiento de la Unión Europea
TS Tribunal Supremo
TSJ Tribunal Superior de Justicia

Capítulo 1. Marco normativo de la L 15/2022

100

1. Marco regulatorio internacional

El **marco normativo español** en temas de igualdad y no discriminación exige una obligada referencia a las normas de derecho internacional y comunitario. 105

La no discriminación se configura como un **principio básico** de la Declaración Universal de Derechos Humanos de 1948 (art.1 y 2), en cuyos principios se asientan las normas de derechos humanos, entre los que destaca la igualdad, que sin duda constituye «la expresión más desarrollada de la idea de la justicia, como principio y fin del derecho» (Ignacio González del Rey).

Merecen ser objeto de reseña el **Pacto de Derechos Sociales, Económicos y Culturales** de 1966 así como el **Pacto Internacional de Derechos Civiles y Políticos**, adoptado en el mismo año, y que, en su artículo 26, configura el derecho a la no discriminación como un derecho autónomo y general.

Por su parte, la **Organización Internacional del Trabajo** (OIT), organismo especializado de las Naciones Unidas, ha sido, y sigue siendo, determinante en el concierto internacional para promover la igualdad de trato y la no discriminación en el marco de las relaciones laborales mediante la adopción de Convenios ampliamente ratificados por los Estados, alcanzando niveles sin precedentes.

La **vigencia** de estos instrumentos jurídicos, de innegable relevancia, ha sido decisiva para reforzar y profundizar en la tutela jurídica del principio de igualdad y no discriminación, más allá de su mero reconocimiento formal. No cabe duda que la OIT se ha propuesto promover la igualdad de oportunidades para que las mujeres y los hombres accedan en igualdad de condiciones a su puesto de trabajo.

Existen numerosas **normas y Declaraciones de la OIT** que abordan el tema de la discriminación, de las que destacan las siguientes: 110

• El Convenio OIT número 100 relativo a la **igualdad de remuneración** entre la mano de obra masculina y la mano de obra femenina por un trabajo de igual valor, conocido Convenio sobre igualdad de remuneración, se firmó el 29-5-1951 y constituye el primer, y principal, tratado internacional sobre la materia. Los Estados parte del mismo se comprometen a alcanzar dicha igualdad de remuneración por medio de la legislación, la introducción de un sistema para la determinación de los salarios y/o la promoción de acuerdos de negociación colectiva.

• El Convenio OIT número 111 sobre la **discriminación** (empleo y ocupación), aprobado el 25-6-1958 contribuye a la búsqueda de mayores igualdades socioeconómicas a través del trabajo al promover, en su artículo primero, una legislación que prohíba todo tipo de discriminación y exclusión en cualquier forma, incluyendo «cualquier distinción, exclusión o preferencia basada en motivos de raza, color, sexo, religión, opinión política, ascendencia nacional u origen social que tenga por efecto anular o alterar la igualdad de oportunidades o de trato en el empleo y la ocupación».

• La Declaración de la OIT relativa a los **principios y derechos fundamentales en el trabajo** y su seguimiento –adoptada en la 86ª reunión de la Conferencia Internacional del Trabajo de 1998 y modificada en la 110ª reunión de 2022–, establece claramente que estos derechos son universales y que se aplican a todas las personas, en todos los países, independientemente del nivel de desarrollo económico (libertad de asociación y libertad sindical, el reconocimiento efectivo del derecho de negociación colectiva; la eliminación del trabajo forzoso u obligatorio; la abolición del trabajo infantil y la eliminación de la discriminación en materia de empleo y ocupación). Menciona en particular a los grupos con necesidades especiales, tales como los desempleados y los trabajadores migrantes. Reconoce que el crecimiento económico, por sí solo, no es suficiente para asegurar la equidad y el progreso social y erradicar la pobreza.

2. Marco regulatorio comunitario

115 En el marco del derecho comunitario, la tutela jurídica del **principio de igualdad** ha dado lugar a un importante acervo normativo con origen en el propio **Tratado de la Unión Europea** que, en su artículo primero, configura la discriminación como uno de los valores comunes de la Unión y, que, en su artículo segundo, configura la lucha contra la misma como uno de sus objetivos. De igual modo, la **Carta de los Derechos Fundamentales de la Unión Europea**, proclama el carácter inviolable de la dignidad humana y prohíbe, en su artículo 21, toda discriminación, y en particular, la ejercida por razón de sexo, raza, color, orígenes étnicos o sociales, características genéticas, lengua, religión o convicciones, opiniones políticas o de cualquier otro tipo, pertenencia a una minoría nacional patrimonio, nacimiento, discapacidad, edad u orientación sexual.

120 **Directivas comunitarias** Son **numerosas** las Directivas comunitarias que se han venido aprobando en desarrollo de la tutela jurídica de la igualdad, muchas de ellas con una evidente proyección sobre las relaciones de trabajo:

• Dir 79/7/CEE, que obliga a los Estados miembros a aplicar progresivamente el principio de **igualdad de trato** entre hombres y mujeres en materia de **seguridad social**.

• Dir 92/85/CEE, para la aplicación de medidas para promover la mejora de la seguridad y de la salud en el trabajo de la **trabajadora embarazada**, que haya dado a luz o en período de lactancia.

• Dir 2000/43/CE sobre la aplicación del principio de igualdad de trato de las personas independientemente de su **origen racial o étnico**.

• Dir 2002/73/CE del Parlamento Europeo y del Consejo, que modifica la Directiva 76/207/CEE del Consejo relativa a la aplicación del principio de igualdad de trato entre hombres y mujeres en lo que se refiere al **acceso al empleo**, a la **formación** y a la **promoción profesionales** así como a las condiciones de trabajo.

• Dir 2000/78/CE del Consejo, relativa al establecimiento de un marco general para la **igualdad de trato** en el **empleo** y la **ocupación**.

• Dir 2004/113/CE, por la que se aplica el principio de igualdad de trato entre hombres y mujeres al **acceso a bienes** y **servicios** y su **suministro**.

• En el año 2006, varios antiguos actos legislativos fueron derogados y sustituidos por la Dir 2006/54/CE, relativa a la aplicación del principio de **igualdad de**

oportunidades e igualdad de trato entre hombre y mujeres en asuntos de empleo y ocupación. Esta Directiva define la **discriminación directa**, la discriminación **indirecta**, el **acoso**, el acoso sexual e insta a las empresas a adoptar medidas preventivas para luchar contra el acoso. Asimismo, endurece las sanciones en caso de discriminación y prevé la creación, en los Estados miembros, de organismos encargados de promover la igualdad de trato en hombres y mujeres. En la actualidad, el Parlamento Europeo trabaja en la revisión de esta Directiva en lo referente a las disposiciones sobre la igualdad de retribuciones y ha aprobado un informe de aplicación sobre la base de varios estudios encargados por el Servicio de Estudios del Parlamento Europeo.

• Dir 2010/18/UE del Consejo, por la que se aplica el Acuerdo marco revisado sobre el **permiso parental**, celebrado por BUSINESSEUROPE, la UEAPME, el CEEP y la CES, y se deroga la Dir 96/34/CE.

• Dir 2010/41/UE del Parlamento Europeo y del Consejo, sobre la aplicación del principio de igualdad de trato entre hombres y mujeres que ejercen una **actividad autónoma**, y por la que se deroga la Dir 86/613/CEE del Consejo

Transposición de las Directivas comunitarias en materia de igualdad y no discriminación 125 La transposición en España de estas Directivas se produjo a través de:

• **L 51/2003**, de igualdad de oportunidades, no discriminación y accesibilidad universal de las personas con discapacidad.

• **L 62/2003**, de medidas fiscales, administrativas y del orden social, que modificó varios preceptos del texto refundido de la Ley del estatuto de los trabajadores, aprobado por el Real Decreto Legislativo 1/1995.

Sin embargo, la **transposición** de las citadas normas comunitarias se hizo, según el legislador, de manera **parcial e insuficiente**. El propio Preámbulo de la norma destaca como uno de los propósitos de la L 15/2022, el de trasponer de manera más adecuada los objetivos y fines de las Dir 2000/43/CE y 2000/78/CE. Tal transposición parcial de la normativa comunitaria supuso que si bien algunos motivos de discriminación pasaran a contar con una regulación específica (tal es el caso, de los derechos de las personas con discapacidad o del principio de igualdad entre hombres y mujeres), no fuera así con otras causas de discriminación como la **identidad de género**. Prueba de ello es que la Dir 2006/54/CE, del Parlamento Europeo y del Consejo, relativa a la aplicación del principio de igualdad de oportunidades e igualdad de trato entre hombres y mujeres en asuntos de empleo y ocupación, se aplica también a la discriminación por motivos de identidad de género. Sin embargo, la transposición parcial de esta norma, que se concreta en la LO 3/2007, para la igualdad efectiva de mujeres y hombres, no proyecta expresamente el derecho a no sufrir discriminación por razón de identidad de género en el ámbito laboral. En el mismo sentido, la Dir 2000/78/CE del Consejo, relativa al establecimiento de un marco general para la igualdad de trato en el empleo y la ocupación, transpuesta por la L 62/2003, de medidas fiscales, administrativas y del orden social, alude a la discriminación por razón de orientación sexual, pero no se refiere en ningún caso, ni lo hacen las normas nacionales que transponen la normativa europea, a la identidad de género. Todo ello supuso que pese a la transposición de las directivas citadas no se incorporara en nuestra normativa el principio de igualdad de trato y no discriminación por razón de identidad de género (lo que no empece que, al menos en el ámbito de las relaciones laborales, dicha situación careciera de protección).

3. Marco regulatorio interno

130

a. Constitución Española y jurisprudencia del Tribunal Constitucional

135 El **marco genérico** en materia de igualdad y no discriminación en nuestro derecho interno ha sido y sigue siendo la Constitución Española (Const art.14 y 9.2), así como la jurisprudencia emanada del Tribunal Constitucional.

Fue precisamente el Tribunal Constitucional el encargado, al interpretar el contenido y alcance de dichos preceptos, de diferenciar varias **vertientes del principio de igualdad**:

1. Principio de **igualdad formal** que impone un deber de trato paritario a todos los españoles.

Dicho principio de igualdad opera en dos vertientes distintas.

• Por una parte, constituye un **límite al ejercicio del poder legislativo**, imponiendo al legislador el deber de dispensar el mismo tratamiento a quienes se encuentren en la misma situación, o dicho de otro modo, impidiendo que se otorgue relevancia jurídica a circunstancias que, o bien no pueden ser tomadas nunca en consideración por prohibirlo así expresamente la propia Constitución, o bien no guardan relación alguna con el sentido de la regulación que, al incluirlas, incurre en arbitrariedad y es por eso discriminatoria.

• En otro plano, en el de la **aplicación ante la ley**, obliga a que esta sea aplicada de modo igual a todos aquellos que se encuentran en la misma situación, sin que el aplicador pueda establecer diferencia alguna en razón de las personas, o de circunstancias que no sean precisamente las presentes en la norma (TCo 144/1988EDJ 460). La desigualdad en la aplicación de la ley se produce, en cambio, cuando un órgano aplicador del Derecho (bien un órgano de la Administración, bien un órgano judicial) interpreta la norma pertinente en un supuesto determinado de manera distinta a como lo ha hecho anteriormente en casos sustancialmente iguales (TCo 72/1989EDJ 4234).

2. De manera complementaria al principio de igualdad jurídica o formal que proclama la Const art.14, propugna en su art.9.2 la **igualdad real o efectiva** de las personas y de los grupos en los que estas se integran.

Con la Const art.9.2 se está «superando el más limitado ámbito de actuación de una igualdad meramente formal y propugnando un significado del principio de igualdad acorde con la definición del art.1, que constituye a España como un Estado democrático y social de Derecho, por lo que, en definitiva, se ajusta a la Constitución la finalidad tuitiva o compensadora del Derecho laboral en garantía de la promoción de una igualdad real que en el ámbito de las relaciones laborales exige un mínimo de desigualdad formal en beneficio del trabajador» (TCo 3/1983EDJ 3).

La Const art.9.2, incluido en su Título Preliminar, se configura como un principio general que debe guiar la **política de los poderes públicos** sin utilizar la nacionalidad como criterio diferenciador, a diferencia del principio de igualdad jurídica de la Const art.14 –a la vez principio y un derecho– que se limita a los españoles.

En definitiva, la **doctrina del Tribunal Constitucional** puede sintetizarse como se indica seguidamente: **140**

• No toda desigualdad de trato en la ley supone una infracción de la Const art.14, sino que dicha infracción la produce solo aquella desigualdad que introduce una diferencia entre situaciones que pueden considerarse iguales y que carece de una justificación objetiva y razonable.

• El principio de igualdad exige que a iguales supuestos de hecho se apliquen iguales consecuencias jurídicas, debiendo considerarse iguales dos supuestos de hecho cuando la utilización o introducción de elementos diferenciadores sea arbitraria o carezca de fundamento racional.

• El principio de igualdad no prohíbe al legislador cualquier desigualdad de trato, sino solo aquellas desigualdades que resulten artificiosas o injustificadas por no venir fundadas en criterios objetivos y suficientemente razonables de acuerdo con criterios o juicios de valor generalmente aceptados.

• Para que la diferenciación resulte constitucionalmente lícita no basta con que lo sea el fin que con ella se persigue, sino que es indispensable además que las consecuencias jurídicas que resultan de tal distinción sean adecuadas y proporcionadas a dicho fin, de manera que la relación entre la medida adoptada, el resultado que se produce y el fin pretendido por el legislador superen un juicio de proporcionalidad en sede constitucional, evitando resultados especialmente gravosos o desmedidos.

b. Principio de igualdad en el Estatuto de los Trabajadores y normas posteriores

El Estatuto de los trabajadores de 1980 estableció asimismo los principios generales en relación con el principio de igualdad y no discriminación en sus artículos 4.2 y 17. **145**

Posteriormente, y antes de que se promulgara la L 15/2022, han sido **distintas** las **normas** que se han ido dictando en aras a profundizar en la protección de la igualdad de trato y no discriminación, más allá de su reconocimiento formal:

• L 39/1999 de la **conciliación de la vida familiar y laboral** que dio respuesta a las primeras reivindicaciones en materia de conciliación de la vida familiar y laboral, desde la corresponsabilidad.

• La L 51/2003 de igualdad de oportunidades, no discriminación y accesibilidad universal de las **personas con discapacidad**, posteriormente derogada por el RDLeg 1/2013 disp.derog.única b), que viene a refundir e integrar en una sola norma la L 13/1982, de integración social de personas con discapacidad, la L 51/2003 y la L 49/2007 por la que se establecía el régimen de infracciones y sanciones en materia de igualdad de oportunidades, no discriminación y accesibilidad de las personas con discapacidad

El RDLeg 1/2013 incluye las definiciones de diferentes **tipos de discriminación**:

– discriminación directa;

– discriminación indirecta;

– discriminación por asociación; y

– acoso.

145 (sigue) **Se protege** con especial atención los supuestos en los que se pueda dar una **discriminación múltiple** exigiendo a los poderes públicos medidas de acción positiva suplementarias para aquellas personas con discapacidad que objetivamente sufren un mayor grado de discriminación o presentan menor igualdad de oportunidades, como son las mujeres con discapacidad, los niños y niñas con discapacidad, las personas con discapacidad con más necesidades de apoyo para el ejercicio de su autonomía o para la toma libre de decisiones y las que padecen una más acusada exclusión social por razón de su discapacidad, así como las personas con discapacidad que viven habitualmente en el medio rural.

• La L 62/ 2003 de medidas fiscales, administrativas y del orden social que:

✓ Establece el marco legal para combatir la discriminación por el origen racial o étnico de las personas en todos los ámbitos.

✓ Aborda la definición legal de la discriminación, directa e indirecta.

✓ Moderniza la regulación de la igualdad de trato y la no discriminación en el trabajo, modificándose, entre otros, determinados preceptos del Estatuto de los Trabajadores, entre los que destaca la modificación del apartado 2 del artículo 54 del ET para dar cabida al acoso por razón de origen racial o étnico, religión o convicciones, discapacidad, edad u orientación sexual al empresario o a las personas que trabajan en la empresa como incumplimiento contractual acreedor al despido disciplinario.

• LO 3/2007 de **igualdad efectiva de hombres y mujeres** y que supone un evidente avance en la lucha contra la discriminación de la mujer.

Pese a su vocación de **transversalidad** (LO 3/2007 art.1), la norma tiene una especial incidencia en el ámbito de las relaciones laborales, que es donde se materializan más los derechos y obligaciones que emanan de la misma, mientras que en el resto de los ámbitos en los que la Ley pretender incidir, esta contiene principios y no tanto derechos y obligaciones.

• L 36/2011 reguladora de la **Jurisdicción Social** que, en su art.96, regula la prueba de indicios que favorece a la parte que considera que ha sufrido la violación de un derecho fundamental, obligando al demandado a aportar una justificación objetiva y razonable, suficientemente probada de las medidas adoptadas y de su proporcionalidad.

Capítulo 2. Finalidad de la norma, ámbito de aplicación y concepto de discriminación

1. Finalidad de la norma

La ley nace con una **doble vocación**: 610

1. Lograr una **trasposición**, no sólo más **efectiva** sino más **moderna** y acorde al actual contexto social, de las Directivas antidiscriminatorias europeas (Dir 2000/43/CE y Dir 2000/78/CE).

2. Esta más ambiciosa aún, al pretender convertir la norma en un instrumento eficaz de **lucha contra todo tipo de discriminación**, de cualquier tipo de persona, en todos los ámbitos en que se puedan producir, con el objetivo de situar a España a la cabeza de los estados de nuestro entorno en defensa de la igualdad de trato y no discriminación. El legislador, pues, no concibe la norma como una ley más de derechos sociales sino, sobre todo, de derecho antidiscriminatorio específico, que viene a dar cobertura a las discriminaciones que existen y a las que puedan surgir en una sociedad tan cambiante como la actual. Para ello, establece principios de actuación de los poderes públicos y prevé medidas destinadas a prevenir, eliminar y corregir todas forma de discriminación, directa o indirecta, en los sectores público y privado.

La ley fija un **marco legal** con una doble pretensión:

- prevenir y erradicar la discriminación; y
- proteger a las víctimas de la misma, convirtiéndose en el primer texto normativo en nuestra legislación que aborda la discriminación de manera garantista, general e integral.

PRECISIONES La L 15/2022 ha venido a cubrir «una **importante carencia** del ordenamiento jurídico español, en el que no existía hasta la fecha una ley estatal que se ocupara de manera integral de todas las causas de discriminación a las que se refiere el segundo inciso del art.14 CE» (Antonio Álvarez de Cubillo).

a. Ley de garantías

La ley no pretende tanto reconocer nuevos derechos como garantizar los que ya existían. En este sentido, la norma aspira a que la garantía de la igualdad y la no discriminación no solo tengan un especial reconocimiento en lo que a identificación se refiere, sino que se trata además de dar una **especial protección real y efectiva a las víctimas**. La ley reconoce que el problema de la igualdad de trato y no discriminación en España no es su regulación (como veremos, algunos de las 615 novedosas causas de discriminación que prevé la ley ya gozaban de amparo en nuestro ordenamiento jurídico y jurisprudencia) sino la **garantía de cumplimiento** de las normas que la regula.

Por ello, incluye **medidas** con un **enfoque preventivo** que intercala con **medidas protectoras** y **reparadoras** del daño causado que van desde la nulidad de pleno derecho de las disposiciones, actos o cláusulas de los negocios jurídicos que causen o constituyan discriminación, pasando por la atribución de la responsabilidad patrimonial y reparación del daño a la tutela judicial del derecho a la igualdad de trato y no discriminación (todas ellas reguladas en la L 15/2022 Tít. II Cap.I –Garantías del derecho a la igualdad de trato y no discriminación–).

620 En congruencia con su afán de **salvaguardar** los **derechos ya reconocidos**, la L 15/2022 art.7.2 inciso final, se contienen dos reglas básicas de interpretación:

a) Principio **en favor de las personas afectadas**: Cuando se presenten diferentes interpretaciones, se deberá preferir aquella que proteja con mayor eficacia a las personas o a los grupos que sean afectados por conductas discriminatorias o intolerantes.

b) Principio de **norma mínima**: La ley consagra los niveles mínimos de protección y no perjudica las disposiciones más favorables establecidas en otras normas, debiendo prevalecer el régimen jurídico que mejor garantice la no discriminación. Así, por ejemplo, el ET art.17.1 menciona causas de discriminación como el estado civil, la afiliación o no a un sindicato o vínculos de parentesco con personas pertenecientes o relacionadas con la empresa, ninguna de ellas expresamente recogidas ni en la Const art.14 ni en la L 15/2022.

b. Ley general

625 Es una ley general que quiere operar a modo de la legislación general ante cualquier tipo de discriminación y aspira a convertirse en el marco común normativo regulador del derecho antidiscriminatorio.

c. Ley integral

630 La propia norma se autodefine como una ley integral ya que intenta abarcar todos los **motivos de discriminación** (ámbito subjetivo), aplicarse a **todos los sujetos** y a todos los ámbitos de la vida política, económica, cultural y social (ámbito objetivo).

635 **Ámbito objetivo** Desde una perspectiva objetiva, ese carácter integral de la ley se traduce también en los ámbitos de la **vida política**, **económica**, **cultural** y **social** a los que se aplica la ley, estableciendo un conjunto de obligaciones que vinculan incondicionadamente a todas las administraciones públicas y en la forma que la propia Ley establece en el caso de las relaciones entre particulares.

Se prohíbe la discriminación en todos los siguientes ámbitos:

a) Empleo, por cuenta ajena y por cuenta propia, que comprende el acceso, las condiciones de trabajo, incluidas las retributivas y las de despido, la promoción profesional y la formación para el empleo.

b) Acceso, promoción, condiciones de trabajo y formación en el empleo público.

c) Afiliación y participación en organizaciones políticas, sindicales, empresariales, profesionales y de interés social o económico.

d) Educación.

e) Sanidad.

f) Transporte.

g) Cultura.

h) Seguridad ciudadana.

i) Administración de Justicia.

j) La protección social, las prestaciones y los servicios sociales.

k) Acceso, oferta y suministro de bienes y servicios a disposición del público, incluida la vivienda, que se ofrezcan fuera del ámbito de la vida privada y familiar.

l) Acceso y permanencia en establecimientos o espacios abiertos al público, así como el uso de la vía pública y estancia en la misma.

m) Publicidad, medios de comunicación y servicios de la sociedad de la información.

n) Internet, redes sociales y aplicaciones móviles.

ñ) Actividades deportivas, de acuerdo con la L 19/2007, contra la violencia, el racismo, la xenofobia y la intolerancia en el deporte.

o) Inteligencia Artificial y gestión masiva de datos, así como otras esferas de análoga significación.

El ámbito de aplicación excede de las relaciones laborales e incluye **Internet**, **redes sociales**, **aplicaciones móviles** e **inteligencia artificial** evidenciando que el legislador pretende que esta ley tenga vocación de futuro, esto es, de dar cobertura a futuras discriminaciones que puedan emerger en una sociedad en constante evolución.

Ámbito subjetivo Se reconoce el **derecho de toda persona** a la igualdad de trato y no discriminación con independencia de su nacionalidad, de si son menores o mayores de edad o de si disfrutan o no de residencia legal. Y además nadie puede ser discriminado por razón de nacimiento, origen racial o étnico, sexo, religión, convicción u opinión, edad, discapacidad, orientación o identidad sexual, expresión de género, enfermedad o condición de salud, estado serológico y/o predisposición genética a sufrir patologías y trastornos, lengua, situación socioeconómica, o cualquier otra condición o circunstancia personal o social (L 15/2022 art.2.1). **640**

Por lo que respecta a este ámbito subjetivo, la ley toma como referencia la Const art.14 y añade a los motivos recogidos en la normativa comunitaria (a saber, sexo, origen racial o étnico, discapacidad, edad, religión o creencias y orientación sexual) **nuevas causas** de discriminación como son:

- La enfermedad o condición de la salud.
- El estado serológico y/o predisposición genética a sufrir patologías y trastornos.
- La identidad sexual.
- La expresión de género.
- La lengua y situación socioeconómica.

Se da cabida, de este modo, a nuevas causas que obedecen a una **realidad social, cambiante** y dinámica, aunque la mayoría de ellos ya gozaba de amparo por parte del Tribunal Constitucional o del Tribunal Europeo de Derechos Humos.

PRECISIONES La L 15/2022 art.2.1 mantiene la **cláusula abierta** que se contiene en la Const art.14 para asegurar que cualquier otra circunstancia social o personal pueda ser motivo de discriminación, previsión ésta que pretende dar cabida a motivos de discriminación que puedan surgir fruto del desarrollo de la sociedad pero que no ampara cualquier tipo de condición o circunstancia de los individuos o grupos sociales, ya que la prohibición de discriminación no se distinguiría con el principio de igualdad de trato afirmado de manera absoluta (TS 29-11-17, EDJ 279515).

645 De igual modo, y en coherencia con el espíritu de **integralidad de la norma**, las obligaciones de la misma resultan de aplicación a todos los sujetos, pertenecientes tanto al sector público como al **sector privado** y en relación a este último, a las personas físicas o jurídicas que actúen o se encuentren en territorio español, con independencia de su nacionalidad, domicilio o residencia.

En cuanto al **sector público** se refiere, la ley resulta de aplicación a la Administración General del Estado, las Administraciones de las comunidades autónomas, las entidades que integran la Administración local, el sector público institucional, en los términos establecidos en la LPAC art.2.2 y las asociaciones y fundaciones constituidas por las Administraciones, entes, organismos y entidades que integran el sector público.

2. Estructura de la norma

650 La ley, se estructura en un **Título Preliminar**, que incluye su objeto y ámbito subjetivo y objetivo de aplicación, y **cinco Títulos**. El precepto expresamente dedicado al empleo por cuenta ajena, el art.9, además del de la negociación colectiva, el art.10, forman parte del capítulo II del Título I. Pero el **carácter transversal** de la ley exige considerar otras partes de su articulado dado el impacto que, el resto de cuanto se prevé, puede igualmente tener en el marco de la relación laboral.

La estructura de la ley es la que sigue:

1. L 15/2022 **Tít.Preliminar**, que incluye su objeto y ámbito subjetivo y objetivo de aplicación

2. L 15/2022 **Tít.I** de la ley que contiene dos capítulos:

a) En la L 15/2022 **Tít.I, Cap.I** se halla una parte básica de **definiciones** acordes con los avances doctrinales y jurisprudenciales en la materia. Es preciso destacar en este Título la definición y regulación de la discriminación múltiple e interseccional y de las medidas de acción positiva

b) En la L 15/2022 **Tít.I, Cap.II** se regula el derecho a la **igualdad de trato y no discriminación** en determinados ámbitos de la vida política, cultural y social: empleo y trabajo, educación, atención sanitaria, servicios sociales, acceso a la oferta al público de bienes y servicios, seguridad ciudadana, vivienda y en establecimientos o espacios abiertos al público. En relación con los medios de comunicación y la publicidad, se prevé su sometimiento a dicha prohibición, así como la promoción de acuerdos de autorregulación en la materia. Por último, se aborda la igualdad de trato y no discriminación en el ámbito de la inteligencia artificial y mecanismos de toma de decisión automatizados.

3. La L 15/2022 **Tít.II** consta igualmente de dos capítulos: **655**

a) De la L 15/2022 **Tít.II, Cap.I** deben destacarse:

– Las garantías del derecho a la igualdad de trato y no discriminación definiendo qué medidas de protección comprende, ofreciendo como pretensiones posibles de la acción, la declaración de nulidad, cese y reparación, prevención.

– La indemnización de daños materiales y morales, en este último caso, en línea con la jurisprudencia más reciente del Tribunal Supremo y Constitucional, así como disposiciones relativas a la tutela judicial y actuación administrativa contra la discriminación, reconociendo en ambos ámbitos, respectivamente, una legitimación colectiva a una serie de entidades y organizaciones que tengan entre sus fines la defensa y protección de los derechos humanos –que como se verá tiene poco impacto jurídico laboral–.

– Las reglas de la carga de la prueba.

b) De la L 15/2022 **Tít.II, Cap.II**, debe destacarse el mandato a los poderes públicos de promoción del derecho a la igualdad de trato y no discriminación.

4. La L 15/2022 **Tít.III** regula una de sus principales novedades, la relativa a la tutela institucional, y más concretamente, la creación de la Autoridad Independiente para la Igualdad de Trato y la No Discriminación, un organismo independiente, unipersonal, basado fundamentalmente en la autoridad de su titular.

5. La L 15/2022 **Tít.IV** de la ley recoge el régimen de infracciones y sanciones en materia de igualdad de trato y no discriminación, por ser esta una exigencia de la trasposición de las directivas antidiscriminatorias que de las que parece quedar al margen la relación jurídico laboral por lo que se dirá después dado que esa trasposición ya se había producido.

6. La L 15/2022 **Tít.V** de la ley incluye los preceptos dedicados a la información, atención integral y apoyo a las víctimas de discriminación e intolerancia, incluyendo el asesoramiento y la asistencia, en especial la sanitaria, y las medidas sociales tendentes a facilitar su recuperación integral y atendiendo específicamente los casos en los que se hayan empleado las redes sociales o las nuevas tecnologías para realizar las agresiones.

3. Impacto laboral de la norma

Los preceptos de la norma que contienen una previsión al ámbito laboral son tres: **660**

– L 15/2022 art.9: derecho a la igualdad de trato y no discriminación en el empleo por cuenta ajena;

– L 15/2022 art.10: negociación colectiva; y

– L 15/2022 art.11: derecho a la igualdad de trato y no discriminación en el empleo por cuenta propia.

PRECISIONES No obstante, son numerosas las **medidas** previstas a lo largo del articulado de la norma que tienen una **trascendencia jurídico laboral** hasta poder afirmar que «los cambios más trascendentales sobre las relaciones laborales y otras materias competencia de la Jurisdicción Social no derivan de estas disposiciones específicamente dedicadas a tales cuestiones, sino de la aplicación de las normas generales a la realidad sociolaboral, tanto en el momento presente al suponer cambios en la realidad jurídica precedente, como por su proyección de futuro pues la aplicación de esas normas generales seguramente abrirá líneas de interpretación, en especial en relación con nuevas realidades, que ahora ni atisbamos» (José Fernando Lousada Arochena).

665 **Derecho a la igualdad de trato y no discriminación en el empleo por cuenta ajena** (L 15/2022 art.9) Se contiene una declaración general que concreta los estadios de la relación laboral en los que no cabe establecer **limitaciones**, **segregaciones** o **exclusiones** por razón de las causas previstas en la ley y que afectarían a (L 15/2022 art.9.1):

– el acceso al empleo por cuenta ajena, público o privado, incluidos los criterios de selección;

– el período de prueba;

– las condiciones de trabajo o desarrollo de la relación laboral (formación para el empleo, promoción profesional, retribución, jornada y demás condiciones de trabajo); y

– suspensión de la relación laboral, despido u otras causas de extinción del contrato de trabajo.

Los apartados subsiguientes de la L 15/2022 art.9 prevén:

a) La trascendencia en el **acceso al empleo** de los servicios públicos de empleo, sus entidades colaboradoras y las agencias de colocación o entidades autorizadas como garantes del derecho a la igualdad de trato y no discriminación indirecta, favoreciendo la aplicación de medidas para la consecución de tal fin como el currículo de vida anónimo.

b) El papel de la Inspección de Trabajo y Seguridad Social, en la lucha por el **respeto del derecho a la igualdad de trato y no discriminación** en el acceso al empleo y en las condiciones de trabajo para lo que deberán incluir en su plan anual integrado de actuación con carácter de objetivo de alcance general, el desarrollo de planes específicos sobre igualdad de trato y no discriminación en el acceso al empleo y en las condiciones de trabajo.

La prohibición de que el empleador pregunte al aspirante al puesto acerca de sus **condiciones de salud**. Tal prohibición, en todo caso, se desprendía asimismo tanto de la Const art.18 como de la legislación en protección de datos.

La Constitución Española protege el **derecho a la intimidad personal** en su artículo 18 como un derecho fundamental, no sólo de los trabajadores sino de todas las personas (lo que incluye a los candidatos). El derecho a la privacidad garantiza un derecho al secreto, a ser desconocido, a que los demás no sepan que somos o lo que hacemos, vedando que terceros, sean particulares o poderes públicos decidan cuáles son los lindes de nuestra vida privada, pudiendo cada persona reservarse un espacio resguardado de la curiosidad ajena, sea cual sea lo contenido en ese espacio (TCo 144/1999). Por ello, tal derecho prevalece frente al derecho a la libertad de empresa contenido en la Const art.38.

Una de las maneras en las que el legislador ha tratado de garantizar el respeto a la intimidad del individuo en sus relaciones con terceros ha sido mediante la **Ley Orgánica de protección de Datos**, que parte del principio de que los datos deben ser pertinentes, adecuados y no excesivos en relación con la finalidad de los mismos, deben ser exactos y completos, actualizados con referencia a la finalidad para la que se recogieron y cancelados cuando hayan dejado de ser necesarios para esta.

PRECISIONES Preguntar sobre su **estado de salud** al aspirante a un puesto de trabajo durante la **entrevista** ya se consideraba como una actuación vulneradora del derecho a la intimidad y a la protección de datos del aspirante, pero, hasta la L 15/2022 no existía ninguna regulación legislativa al respecto. Desde el pasado 14 de julio, está prohibido.

La norma, sin embargo, no pone en relación la prohibición con las previsiones contenidas en la LGSS art.243 y 244. En concreto, la LGSS art.243 obliga al empresario, en el caso de puestos de trabajo con riesgos profesionales, a realizar un **reconocimiento médico** previo a la admisión del trabajador. Tales reconocimientos serán a cargo de la empresa y tendrán el carácter de obligatorios para la persona trabajadora, no pudiendo ser contratadas aquellas personas trabajadoras que no hayan sido calificadas como aptas para desempeñar los puestos de trabajo de que se trate. Igual prohibición se establece respecto a la continuación de la persona trabajadora en su puesto de trabajo cuando no se mantenga la declaración de aptitud en los reconocimientos sucesivos. Y la LGSS art.244 refuerza el cumplimiento de esta obligación al constituir a las empresas incumplidoras de tal previsión en responsable directa de todas las prestaciones que puedan derivarse, en tales casos, de enfermedad profesional. **670**

Lo anterior exigiría, en los supuestos de puestos de trabajo con riesgo de **enfermedad profesional**, la obligatoriedad de valorar la aptitud del candidato al puesto (lo que podría incluir un examen de salud, máxime teniendo en cuenta que la L 15/2022 art.2.3 prevé que la enfermedad no pueda amparar una distinción de trato dentro de las limitaciones objetivas para el desarrollo del puesto de trabajo).

c) La posibilidad de que, por vía reglamentaria, se pueda exigir a las empresas con una **plantilla superior a 250 trabajadores**, que publiquen la información salarial necesaria para analizar los factores de las diferencias salariales, teniendo en cuenta las condiciones o circunstancias de la L 15/2022 art.2.1. Esta previsión, que requiere de desarrollo reglamentario, supone un paso más en materia de **transparencia retributiva** ya que, a diferencia de la exigencia legal contenida en el RD 902/2020, tiene como objetivo analizar la información salarial no sólo para garantizar la igualdad retributiva de hombres y mujeres sino para garantizar que se cumplen todos los motivos de discriminación previstos en la L 15/2022 art.2.

Negociación colectiva (L 15/2022 art.10) Se establecen las siguientes obligaciones: **675**

a) La negociación colectiva no podrá establecer **limitaciones**, **segregaciones** o **exclusiones** para el acceso al empleo, incluidos los criterios de selección, en la formación para el empleo, en la promoción profesional, en la retribución, en la jornada y demás condiciones de trabajo, así como en la suspensión, el despido u otras causas de extinción del contrato de trabajo, por las causas previstas en esta ley.

b) Hace un llamamiento a que mediante la negociación colectiva se establezcan **medidas de acción positiva** para prevenir, eliminar y corregir toda forma de discriminación en el ámbito del empleo y las condiciones de trabajo por las causas previstas en esta ley.

c) Obliga a que los poderes públicos fomenten el **diálogo con los interlocutores sociales**, a fin de promover la existencia de códigos de conducta y buenas prácticas.

d) Obliga a la representación legal de los trabajadores y a las empresas a velar por el **cumplimiento del derecho a la igualdad de trato y no discriminación** en la empresa.

680 **Derecho a la igualdad de trato y no discriminación en el trabajo por cuenta propia** (L 15/2022 art.11) En términos simétricos a las obligaciones reguladas en la L 15/2022 art.9 para el trabajo por cuenta ajena se establece lo siguiente:

a) Se prohíbe que se establezca limitaciones, segregaciones o exclusiones por las causas previstas en la ley en el acceso al ejercicio y en el desarrollo de una **actividad por cuenta propia**, prohibición que se extiende a los **pactos establecidos individualmente** entre el trabajador autónomo y el cliente para el que desarrolle su actividad profesional, así como a los acuerdos de interés profesional concertados entre las **asociaciones o sindicatos** que representen a los trabajadores autónomos económicamente dependientes y las empresas para las que ejecuten su actividad.

b) Se hace un llamamiento a que los acuerdos de interés profesional establezcan **medidas de acción positiva** para prevenir, eliminar y corregir toda forma de discriminación en el ámbito del trabajo por cuenta propia.

685 **Otras medidas con trascendencia jurídico laboral** Una vez analizado el contenido de las disposiciones de la norma en materia laboral, se relacionan seguidamente las medidas previstas a lo largo del articulado de la norma que tienen trascendencia jurídico laboral:

a) Añade como **nuevos motivos** (en adición a los ya previstos en la Const art.14 y ET art.17) los siguientes:

- orientación o identidad sexual;
- expresión de género;
- enfermedad o condición de salud;
- estado serológico;
- predisposición genética a sufrir patologías y trastornos;
- lengua; y
- condición socio económica.

b) Se **refuerzan** las conductas discriminatorias, multiplicando el efecto discriminatorio y convirtiendo el derecho laboral en un derecho a la protección frente a la discriminación. A las conductas discriminatorias ya contempladas por nuestro ordenamiento jurídico (discriminación directa, discriminación indirecta y acciones positivas), la L 15/2022 art.4.1 adiciona:

- discriminación por asociación;
- discriminación por error;
- discriminación múltiple; y
- discriminación interseccional.

c) Respecto de la atribución de **responsabilidad patrimonial** y **reparación del daño causado**, la misma se regula en la L 15/2022 art.27.1 al prever que, acreditada la discriminación, se presumirá la existencia de daño moral, que se valorará atendiendo a las circunstancias del caso, a la concurrencia o interacción de varias causas de discriminación previstas en la ley y a la gravedad de la lesión efectivamente producida, para lo que se tendrá en cuenta, en su caso, la difusión o audiencia del medio a través del que se haya producido. 685 (sigue)

Se incorpora de este modo al texto normativo la **doctrina jurisprudencial** de la Sala Cuarta del Tribunal Supremo que considera que la exigible identificación de «circunstancias relevantes para la determinación de la indemnización solicitada» contenida en la LRJS art.183 ha de exceptuarse en el caso de los daños morales unidos a la vulneración del derecho fundamental cuando resulte difícil su estimación detallada. No cabe, según el Alto Tribunal, denegar el abono de una indemnización, acreditada la vulneración de un derecho fundamental, por no haberse acreditado las bases para el cálculo de lo pedido.

PRECISIONES No es posible disociar los **daños morales** de la vulneración del derecho fundamental, y ante la dificultad de su estimación detallada por la persona trabajadora, procede flexibilizar las exigencias normales para la determinación de la indemnización

Ello abre la vía a que sea el propio **órgano judicial** el que establezca prudencialmente su cuantía, «sin que pueda exigirse al reclamante la aportación de bases más exactas y precisas para su determinación, en tanto que en esta materia se produce la inexistencia de parámetros que permitan con precisión traducir en términos económicos el sufrimiento en que tal daño [moral] esencialmente consiste... [lo que] lleva, por una parte, a un mayor margen de discrecionalidad en la valoración... y, por otra parte, "diluye en cierta medida la relevancia para el cálculo del quantum indemnizatorio" de la aplicación de parámetros objetivos, pues los sufrimientos, padecimientos o menoscabos experimentados "no tienen directa o secuencialmente una traducción económica". Y añade que la aplicación de los criterios de la LISOS debe ir acompañada de la valoración de las circunstancias concurrentes porque, en ocasiones, "la cuantificación de las sanciones de la LISOS no resulta, por si mismo, suficiente para cumplir con relativa precisión la doble función de resarcir el daño y de servir de elemento disuasorio para impedir futuras vulneraciones del derecho fundamental"» (TS 23-2-22, EDJ 518327; 9-3-22, EDJ 521521).

Capítulo 3. Nuevas formas de discriminar y medidas de acción positiva

1. Principio de igualdad y la prohibición de discriminación

Pese a su vocación de integralidad y su deseo de convertirse en el mínimo común que contenga las definiciones fundamentales del derecho antidiscriminatorio español, sorprende que la L 15/2022 no contenga un **concepto de discriminación**. 1305

En todo caso, sí contiene una **referencia expresa** a la **diferencia de trato** y la **prohibición de discriminación** en coherencia con la doctrina acuñada desde el TCo 34/1984 (y posteriormente adoptada por el TS) que legitima la diferencia de trato siempre que no se base en motivos discriminatorios (L 15/2022 art.2.2 y 4.2).

Se contiene una **definición amplia** de lo que cabe entender por **diferencia de trato** al regular que no se considera discriminación la diferencia de trato basada en alguna de las causas previstas en la L 15/2022 art.2.1 derivada de una disposición, conducta, acto, criterio o práctica que pueda justificarse objetivamente por una finalidad legítima y como medio adecuado, necesario y proporcionado para alcanzarla (L 15/2022 art.4.2)

Tal definición supone, para algunos autores (Cabeza y Viqueira), una **«regla general de discriminaciones»**. Lo que puede querer decir la ley es que cuando esa diferencia de trato se adopta respecto de personas afectadas por cualquiera de las causas de discriminación previstas en la ley, la discriminación que se puede presumir de la diferencia de trato por estos motivos no lo es siempre que pueda justificarse objetivamente por una finalidad legítima y como medio adecuado, necesario y proporcionado para alcanzarla. En todo caso, la diferencia de trato exige acreditar la concurrencia de causa.

2. Modalidades de discriminación

1310 Se considera como **vulneradoras del principio de igualdad** las siguientes modalidades de discriminación (L 15/2022 art.4.1 y 6):
– directa;
– por asociación;
– por error; y
– múltiple o interseccional.

PRECISIONES Algunos de estos **conceptos**, como son la discriminación directa, indirecta, el acoso discriminatorio, las represalias y las acciones positivas ya existen en nuestro ordenamiento jurídico, ya sea por trasposición de la Dir 2000/43/CE y Dir 2000/78/CE, por estar contenidas en la LOI (que contempla el acoso discriminatorio y las represalias) o por haber sido acuñados por el Tribunal Constitucional.

a. Discriminación directa y denegación de ajustes razonables

1315 La discriminación directa se **define** como la situación en que se encuentra una persona o grupo en que se integra que sea, haya sido o pudiera ser tratada de manera menos favorable que otras en situación análoga o comparable por razón de las causas previstas en la L 15/2022 art.2.1 (L 15/2022 art.6.1.a).

Por discriminación directa se entiende aquel acto o perjuicio que sufre directamente una persona por pertenecer a uno de los **colectivos establecidos** en el texto legal como susceptibles de sufrir un perjuicio, en comparación con otras personas no pertenecen a ese colectivo.

Por ello, este tipo de discriminación, aunque no exige colectividad, sí requiere de un **elemento de comparación** porque nadie puede ser discriminado respecto de sí mismo. En este sentido se pronuncia Rodríguez-Piñero, al afirmar que la igualdad es un concepto relacional en el que es necesario un elemento de comparación, porque la igualdad exigible es la igualdad entre situaciones iguales (TCo 3/1983); como ha advertido el citado autor, queda la cuestión de que cualquier supuesto de hecho es susceptible de entrar en comparación con otro... Y por ello, la mera comparación de supuestos puede conducir al absurdo, y al subjetivismo propio de toda comparación abstracta. Por ello es necesaria la homogeneidad en los términos de la comparación.

Exige **intencionalidad** en la medida en que la única justificación por parte de quien la profesa es la pertenencia de la persona que la sufre a uno de los colectivos protegidos y no admite ni justificación ni prueba en contrario.

1318 **Ajustes razonables** La Ley considera, asimismo, discriminación directa la denegación de ajustes razonables a las **personas con discapacidad**. Y, añade, se entiende por ajustes razonables las modificaciones y adaptaciones necesarias y adecuadas del ambiente físico, social y actitudinal que no impongan una carga desproporcionada o indebida, cuando se requieran en un caso particular de manera eficaz y práctica, para facilitar la accesibilidad y la participación y garantizar a las personas con discapacidad el goce o ejercicio, en igualdad de condiciones con las demás, de todos los derechos (L 15/2022 art.6.1 segundo inciso).

La **obligación** de realizar los ajustes razonables para las personas con discapacidad **no es** en modo alguno una **novedad** de la L 15/2022 sino que se asienta en una larga tradición en nuestra legislación. Los ajustes razonables para las personas con discapacidad, para todos los ámbitos, más allá del empleo y la ocupación, fueron establecidos por la L 51/2003, encargada de la trasposición de la Dir 2000/78/CE (que, a su vez, incorpora el concepto de la jurisprudencia canadiense y de EEUU). Asimismo, la denegación de los ajustes razonables ya estaba contemplada como modalidad discriminatoria en relación con las personas con discapacidad en el RDLeg 1/2013 art.63. Esto es, el rechazo a los ajustes razonable es una medida en sí misma discriminatoria.

De igual modo, los tribunales (nacionales y supranacionales) han venido exigiendo a las empresas la **demostración fehaciente** de haber hecho o intentado hacer ajustes razonables para no incurrir en discriminación por discapacidad.

Las siguientes **sentencias** declaran **discriminatorio el despido** por no haber atendido la empresa la solicitud de ajuste razonable: **1320**

- TJUE 15-7-21 por no permitir un **dispositivo de corrección auditiva** para un funcionario de prisiones.
- TJUE 10-2-22 sobre discriminación por discapacidad, despido y ajustes razonables tras la colocación de un **marcapasos**.

En el caso del TJUE 10-2-22, la sociedad empleadora del personal de los ferrocarriles belgas contrató en **prácticas** a un trabajador de mantenimiento especializado en vías férreas. Se diagnosticó al agente una patología cardíaca que precisó la **colocación de un marcapasos**, dispositivo sensible a los campos electromagnéticos emitidos por las vías férreas, por lo que fue declarado no apto para el puesto y recolocado a un puesto de operario de almacén. Posteriormente se puso fin a su período de prácticas debido a su imposibilidad total y definitiva para realizar las funciones para las que había sido contratado. En virtud de la normativa aplicable al personal de los ferrocarriles belgas, a diferencia de los agentes nombrados con carácter definitivo, los trabajadores en prácticas a los que se reconoce una discapacidad y que ya no son capaces de desempeñar su función, no tienen derecho a un cambio de puesto en la empresa. **1323**

El agente instó judicialmente la anulación de la decisión de despido y el órgano jurisdiccional solicitó al TJUE aclaraciones en relación con la interpretación de la Dir 2000/78/CE y del **concepto de ajustes razonables** para las personas con discapacidad.

El TJUE considera que este **concepto implica que** un trabajador, incluido el que realiza un periodo de prácticas, que ha sido declarado no apto para desempeñar las funciones esenciales del puesto que ocupa por una discapacidad, sea destinado a otro puesto para el que disponga de las competencias exigidas, siempre que esa medida no suponga una carga excesiva para el empresario. Recuerda que la Dir 2000/78/CE tiene por objeto establecer un marco general para garantizar a todas las personas la igualdad de trato en el empleo y la ocupación, ofreciéndoles una **protección eficaz contra las discriminaciones**, entre las que se encuentra la discapacidad, además la Dir 2000/78/CE se aplica a las condiciones de acceso al empleo, a la actividad por cuenta propia y al ejercicio profesional, así como al acceso a todos los tipos y niveles de orientación profesional, formación profesional, formación profesional superior y reciclaje. Según el TJUE, los términos empleados son lo suficientemente amplios como para englobar la situación de un trabajador que realiza un período de prácticas y, en consecuencia, no estar contratado con carácter definitivo en la fecha de su despido, no impide que su situación esté comprendida en la Dir 2000/78/CE.

1325 A continuación, el TJUE recuerda que, con arreglo a la Dir 2000/78/CE se deben realizar ajustes razonables a fin de garantizar la observancia del **principio de igualdad de trato** en relación con las personas con discapacidades. En este sentido, los empresarios han de tomar las medidas adecuadas, en función de las necesidades de cada situación concreta, para permitir a las personas con discapacidades acceder al empleo, tomar parte en el mismo o progresar profesionalmente o para que se les ofrezca formación, salvo que esas medidas supongan una carga excesiva para el empresario.

Entre las **medidas adecuadas**, la Dir 2000/78/CE prevé medidas eficaces y prácticas para acondicionar el lugar de trabajo en función de la discapacidad, por ejemplo, adaptando las instalaciones, equipamientos, pautas de trabajo, asignación de funciones o provisión de medios de formación o encuadre. El TJUE precisa que se trata de una enumeración no exhaustiva de las medidas adecuadas, que pueden ser de orden físico, organizativo o educativo. La Dir 2000/78/CE preconiza una **definición amplia** del concepto de ajuste razonable.

El TJUE considera a este respecto que, cuando un trabajador deviene definitivamente no apto para ocupar su puesto debido a la aparición de una discapacidad, un **cambio de puesto** puede ser una medida adecuada y, en este sentido, un ajuste razonable. El TJUE se decanta por una definición amplia del concepto de ajuste razonable que no sólo se refiera al puesto de trabajo, sino de tal manera que, al referirse la Dir 2000/78/CE considerando 20 a medidas adecuadas para acondicionar el lugar de trabajo en función de la discapacidad, ha de interpretarse en el sentido de facilitar la participación plena y efectiva del trabajador en la sociedad en igualdad de trato con respecto a los restantes trabajadores, por lo que estas medidas pueden incluir, por tanto, la aplicación por el empresario de medidas que permitan a esa persona conservar su empleo, como el traslado a otro puesto de trabajo.

Ahora bien, tal interpretación amplia debe cohonestarse con evitar que la medida a adoptar suponga una **carga excesiva** para la empresa. A este respecto para determinar si las medidas en cuestión dan lugar a una carga desproporcionada, deben tenerse en cuenta, particularmente, los costes financieros que estas impliquen, el tamaño, los recursos financieros y el volumen de negocios total de la organización o empresa y la disponibilidad de fondos públicos o de otro tipo de ayuda. Finalmente, el Tribunal de Justicia precisa que, en cualquier caso, la posibilidad de destinar a una persona con discapacidad a otro puesto de trabajo solo existe si hay por lo menos un puesto vacante que el trabajador en cuestión pueda ocupar (Comunicado de prensa nº 26/22, Luxemburgo 10-2-2022).

1328 En cambio, en el caso de una trabajadora discapacitada **sensible al níquel**, producto presente en detergentes de limpieza, a la que la empresa, como medida de prevención, destinó a la limpieza de suelos que no requerían la utilización de detergentes, le proporcionó unos guantes de protección oportunos y le asignó un cuarto independiente se declaró no haber lugar a la demanda en solicitud de cambio de puesto interpuesta por la trabajadora. La trabajadora, disconforme con la medida reclamó el derecho al cambio de puesto. Finalmente, el tribunal entendió que las medidas adoptadas eran las necesarias para evitar el contacto con el níquel y además habían resultado eficaces, en consecuencia, desestimó la pretensión de la trabajadora del cambio de puesto de trabajo (TSJ Castilla La Mancha 22-5-08, EDJ 204007).

La ley no contiene un catálogo de medidas de ajustes razonable lo que exige un **análisis individualizado caso por caso**, teniendo en cuenta los costes de la medida, las características de adaptabilidad de la persona afectada, el tipo y volumen de empresa que deba ponerla en práctica. Las medidas pueden consistir en la reubicación de la persona afectada en otro centro, la modificación o reducción de la jornada o el cambio de puesto de trabajo.

La única **limitación a la obligación** de ajuste se encontraría en que el citado ajuste fuera irrazonable o supusiera una carga excesiva para la empresa. Concepto este, el de la carga excesiva, que, por genérico, requiere, de nuevo, un análisis individualizado y que dependerá de factores como el tamaño de la empresa (parece más viable que los ajustes puedan llevarse a cabo en empresas con un número elevado de personas trabajadoras en plantilla) o la situación económica de la misma.

Por ello, la **denegación de ajustes** razonables a una persona con discapacidad no conlleva, de manera automática, la declaración de nulidad de un despido.

En este sentido, se declara procedente el despido objetivo por **ineptitud sobrevenida** de una persona trabajadora debida a una enfermedad que le incapacitó para el desempeño de su puesto de trabajo y que no pudo ser recolocado en otro puesto al encontrarse la empresa en una grave situación económica. Para la declaración de procedencia, se valoró dos cuestiones (TSJ Cataluña 13-3-14, EDJ 56325): **1330**

– que el actor por sus lesiones no es apto para realizar su trabajo; y

– la grave situación económica que está atravesando la empresa, lo que enerva el posible ajuste razonable en el trabajo en el caso de la persona discapacitada.

Por el contrario, se declara nulo por discriminatorio el despido objetivo de una persona trabajadora con un grado de discapacidad superior al 65%, que solicitó una **reducción de su jornada** con el fin de poder continuar realizando sus labores. La empresa no adoptó la medida de ajuste solicitada procediendo al despido de la persona trabajadora por causas económicas (TSJ Cataluña 9-12-14, EDJ 253831).

En definitiva, el concepto de ajuste, la razonabilidad del ajuste y la existencia de carga excesiva determina lo **exigible al empleador**.

No podemos dejar de destacar que la consideración como **discriminación prohibida** de la denegación de ajustes razonables no se halla prevista únicamente en la L 15/2022 art.6, sino que la L 15/2022 art.4, al regular el marco genérico de la discriminación, incluye la denegación de ajustes razonables (sin referencia expresa a la discapacidad) por lo que cabe entender que puede solicitarse un ajuste razonable por cualquier condición vinculada con la discriminación como por ejemplo, la edad o la enfermedad o condición de salud. Por tanto, tras la entrada en vigor de la L 15/2022 ha pasado a considerarse como discriminación el incumplimiento del deber empresarial de adaptación razonable del puesto de trabajo en relación no sólo con personas trabajadoras en situación de discapacidad, sino que se vean afectadas por cualquier de los motivos de discriminación previstos en la L 15/2022 art.2.1. **1333**

Sin perjuicio de su análisis más detallado cuando se profundice en la enfermedad o condición de salud como nuevo motivo de discriminación, hay que esperar a ver como los tribunales se pronuncian acerca del deber empresarial de realizar ajustes razonables en caso de declaración de **incapacidad permanente total, absoluta o gran invalidez**, que implica la extinción del puesto de trabajo, aunque parece prudente anticipar que en estos supuestos la empresa deberá intentar la recolocación de la persona trabajadora a un puesto compatible con sus dolencia y que no suponga una carga excesiva para el empresario.

De igual modo, merece especial atención la denegación de ajustes razonables como discriminación por razón de discapacidad en el caso del despido objetivo por **ineptitud del trabajador** conocida o sobrevenida con posterioridad a su colocación efectiva en la empresa el ET art.52.a. Si bien es cierto que, hasta la fecha, la jurisprudencia venía exigiendo, para eludir la declaración de nulidad del despido, que la empresa hubiera realizado los ajustes razonables, tal exigencia se predicaba de dolencias crónicas o susceptibles de discapacidad. La norma, al incluir la enfermedad (sin exigir su carácter profesional, larga duración o cronicidad) o condición de salud, el estado serológico y/o la predisposición genética a sufrir patologías y trastornos, como causas de discriminación obligará a la empresa a realizar ajustes razonables al puesto antes de proceder con el despido objetivo por ineptitud sobrevenida. Solo cuando no sea factible el ajuste razonable, se puede proceder al despido objetivo.

b. Discriminación indirecta

1335 La discriminación indirecta **se produce cuando** una disposición, criterio o práctica aparentemente neutros ocasiona o puede ocasionar a una o varias personas una desventaja particular con respecto a otras por razón de las causas previstas en la L 15/2022 art.2.1 (L 15/2022 6.1.b).

El **origen** de la discriminación indirecta se halla en la Dir 2006/54/CE art.2.1.b (L 7671/2006), que la define como aquella situación en la que una disposición, criterio o práctica aparentemente neutros sitúa a personas de un determinado sexo en desventaja respecto del otro salvo que pueda justificarse objetivamente una finalidad legítima y que los medios para alcanzar dicha finalidad sean adecuados y necesarios.

Este tipo de discriminación **se caracteriza por** no exigir intencionalidad ni la individualización del daño y acepta prueba en contrario. La discriminación indirecta consiste en una situación en la que una disposición, un criterio o una práctica aparentemente neutros sitúan a personas de un determinado colectivo en desventaja particular con respecto a personas de otro colectivo, salvo que tal disposición, criterio o práctica pueda justificarse objetivamente con una finalidad legítima y que los medios para alcanzar dicha finalidad sean adecuados y necesarios.

La doctrina del Tribunal Constitucional así como la del TJUE entienden que para invocar una discriminación indirecta no hay que aportar la **existencia de un trato más beneficioso** atribuido únicamente a un determinado colectivo (por ejemplo, los varones), sino que basta la adopción de una medida que produzca efectos desfavorables para un grupo formado mayoritariamente, aunque no necesariamente de forma exclusiva, por mujeres. La discriminación surge cuando el impacto es adverso sobre uno de los grupos en relación con el otro sin que sea necesario que el trato más favorable deba ser atribuido única y exclusivamente a uno de ellos.

No se trata de un *tertium comparationis* en sentido estricto, puesto que, aquí lo que **se compara**, no son individuos, sino grupos sociales en los que se ponderan estadísticamente sus diversos componentes individuales, es decir, grupos entre los que algunos de ellos está formado mayoritariamente por personas pertenecientes a una de las categorías especialmente protegidas por la Const art.14, en nuestro caso, las mujeres.

En una discriminación directa, la persona es tratada de manera menos favorable por la única razón de su condición, sin motivo alguno, lo que evidencia la ilicitud del comportamiento. Sin embargo, en los casos de discriminación es indirecta, estamos ante una disposición, un criterio o una práctica que, siendo aparentemente neutra pone a quien se dirige en **desventaja particular** con respecto al resto de empleados, salvo si quien actúa justifica la diferencia de trato, objetivamente, en atención a una finalidad legítima, con unos medios necesarios y adecuados que permitan alcanzarla, lo que incrementa la dificultad para detectar estos casos por la apariencia justificada de la conducta. Por todo ello, este tipo de discriminación se desenmascara, en muchas ocasiones, acudiendo a datos estadísticos, que deben ser válidos, representativos y significativos, y que permiten confrontar, por un lado, las proporciones respectivas de trabajadores que quedan y que no quedan afectados por la norma o medida en cuestión (TJUE 9-2-99; 8-5-19).

Tratamiento jurisprudencial El tratamiento que ha tenido la discriminación indirecta (por razón de sexo) tanto por parte de la jurisprudencia comunitaria como del Tribunal Constitucional y del Tribunal Supremo ha sido prolijo y ha provocado la modificación de algunos textos normativos: **1338**

Jurisprudencia del Tribunal de Justicia de la Unión Europea Respecto a la jurisprudencia del TJUE puede destacarse: **1340**

• TJUE 9-9-99: existe también discriminación cuando un **convenio colectivo excluye** de la concesión de una **prima especial anual** a las personas que ejercen actividades por cuenta ajena con un horario inferior a 15 horas semanales y una retribución normal que no supera una determinada fracción de la base mensual de referencia, porque ello afecta, aun aplicándose con independencia del sexo del trabajador, a un porcentaje considerablemente mayor de mujeres que de hombres –discriminación indirecta–.

• TJUE 24-2-22: respecto del **desempleo** de las personas trabajadoras al **servicio de hogar familiar**, hasta que se dictó dicho pronunciamiento, la legislación laboral española excluía a las personas al servicio del hogar familiar de la protección por desempleo, sin que, además, fuera factible la cobertura voluntaria opcional. Denegada por parte de la TGSS la solicitud de una empleada doméstica para cotizar y poder disfrutar de la cobertura por desempleo, el citado organismo resuelve negándose a tal pretensión y la persona trabajadora se ve obligada a interponer la correspondiente demanda ante el Juzgado do contencioso-administrativo de Vigo que decide plantear la cuestión prejudicial ante el TJUE habida cuenta que la correcta aplicación de la norma vigente podría conducir a circunstancias potencialmente contrapuestas con el Derecho de la Unión. La cuestión prejudicial pretendía que el TJUE se pronunciara acerca de si la previsión contenida en la LGSS art.251.d (a saber, que la acción protectora del Sistema Especial para Empleados de Hogar no comprende la correspondiente al desempleo) supone una discriminación indirecta por razón de sexo, teniendo en cuenta el elevado porcentaje de mujeres que integran el colectivo de personas trabajadoras del hogar familiar.

El TJUE, basándose en los propios datos estadísticos aportados por la TGSS que acreditan un porcentaje de **participación de las mujeres** en este colectivo del 95,53% y tras considerar que el Gobierno español, no pudo no demostrar en qué modo la exclusión de la cobertura por desempleo contribuía a la consecución de los **objetivos de empleo y lucha contra el trabajo ilegal** y fraude social, declaró que LGSS art.251.d situaba a las trabajadoras en desventaja particular con respecto a los trabajadores sin estar justificada por factores objetivos y ajenos a cualquier discriminación por razón de sexo.

Esta sentencia dio lugar a que meses después, el 6-9-2022, se promulgara el RDL 16/2022, estableciendo **mejoras** en las condiciones de trabajo y de Seguridad Social de las personas trabajadoras al servicio del hogar, entre las que se encuentra la ampliación la acción protectora de este colectivo para incluir el desempleo y FOGASA. El RDL 16/2022 derogó la LGSS art.251.d que expresamente excluía el desempleo de la acción protectora del Sistema Especial para Empleados de Hogar.

1343 • TJUE 8-5-19: aborda la situación de discriminación indirecta por razón de sexo en la **contratación a tiempo parcial** en el **cálculo de la pensión de jubilación**, concluyendo que la reducción de la base reguladora con la aplicación adicional de un coeficiente de parcialidad constituía una discriminación indirecta por razón de sexo que excede cualquier objetivo de política social en la medida que afecta más a las mujeres que a los hombres por cuanto cerca del 75% de las personas trabajadoras a tiempo parcial son mujeres.

La referida resolución, junto con el TCo 91/2019, obligaron a que el INSS, en tanto no se modificara la legislación general de Seguridad Social, dictara el Criterio de gestión número 17/2019 referido al porcentaje aplicable a la base reguladora de la pensión de jubilación cuando el beneficiario ha desempeñado trabajos a tiempo parcial. Dicho criterio establecía que en aquellos supuestos en los que la persona trabajadora hubiera desempeñado trabajos a tiempo parcial, para la determinación del porcentaje aplicable a la base reguladora de la pensión de jubilación se tomaran en consideración los periodos en los que dicha persona trabajadora hubiera permanecido en alta con un contrato a tiempo parcial, cualquiera que sea la duración de la jornada. De modo que, en la determinación de la cuantía de las pensiones de jubilación no se aplique el **coeficiente de parcialidad** previsto en la LGSS/94 disp.adic.7ª regla 2ª.a segundo párrafo y que, en consecuencia, una vez acreditado el periodo de cotización mínimo previsto en la mencionada regla segunda, se aplique la correspondiente base reguladora con su correspondiente escala general, sin reducir el periodo de alta con contrato a tiempo parcial mediante el coeficiente de parcialidad.

Desde el 1-10-2023, la protección social derivada de los contratos a tiempo parcial se rige por el **principio de asimilación** del trabajador a tiempo parcial al trabajador a tiempo completo (LGSS art.245 redacc RDL 2/2023). Desde dicha fecha, a efectos de acreditar los períodos de cotización necesarios para causar derecho a las prestaciones de jubilación, incapacidad permanente, muerte y supervivencia, incapacidad temporal y nacimiento y cuidado de menor se tendrán en cuenta los distintos períodos durante los cuales la persona trabajadora haya permanecido en alta con un contrato a tiempo parcial, cualquiera que sea la duración de la jornada realizada en cada uno de ellos (LGSS art.247).

Jurisprudencia del Tribunal Constitucional Respecto a la jurisprudencia del TCo puede destacarse: 1345

• TCo 253/2004: resuelve la cuestión de inconstitucionalidad promovida por el Juzgado de lo Social núm 1 de Pontevedra, en relación con el ET art.12.4 párrafo segundo que hasta su reforma por el RDL 15/1998, computaba, a efectos de determinar los períodos de cotización y de cálculo de la **base reguladora de las prestaciones de Seguridad Social**, incluida la protección por desempleo, solo las **horas trabajadas**.

La sentencia considera que exigir a los trabajadores a tiempo parcial unos períodos de actividad más extensos para reunir los períodos de carencia supone una discriminación indirecta por razón de sexo por que mayoritariamente el que trabaja a tiempo parcial.

• TC 168/2000 y 79/2020: dictadas en materia de discriminación indirecta de trabajadoras con jornadas reducidas por **cuidado de menores**.

En ambos casos, las personas trabajadoras (mujeres) realizaban una jornada ordinaria y otra complementaria como consecuencia de la **realización obligatoria** de un número determinado de **guardias al año** (en horario nocturno, con una duración de 10 horas), cada una de las cuales, no solo generaba al día siguiente (saliente de guardia) un descanso de 24 horas, sino que, a efectos retributivos, se tomaban 7 de esas horas como de trabajo efectivo (descanso retribuido). Tras solicitar una reducción de jornada por cuidado de menores de 12 años, la empresa procedió a reducirle, en la misma proporción, el número de horas de su jornada ordinaria, el número de guardias médicas obligatorias, así como el número de horas de descanso retribuido computables por cada saliente de guardia. Las trabajadoras entendieron que la **reducción** aplicada sobre el **descanso retribuido por guardia** médica atentaba contra el principio de igualdad y no discriminación al suponer una diferencia de trato injustificada entre trabajadores a tiempo completo y trabajadoras con jornada reducida, además de suponer una discriminación indirecta por razón de sexo, en la medida en que el trato desigual denunciado vendría motivado por el ejercicio de un derecho (el de reducción de jornada para el cuidado de hijos) que se disfruta por un mayor número de mujeres.

El TCo concluye que la decisión empresarial supone una discriminación indirecta por razón de género, porque provoca en las trabajadoras un **perjuicio** efectivo y constatable que ha generado, en este caso, un trato peyorativo en sus condiciones de trabajo fruto del ejercicio de un derecho asociado con la maternidad (reducción de jornada para el cuidado de hijos).

• TCo 91/2019.

• TC 240/1999.

Jurisprudencia del Tribunal Supremo Respecto a la jurisprudencia del TS puede destacarse: 1348

• TS 8-4-22, EDJ 551178: se analiza la **ayuda alimentaria** facilitada por la empresa a sus trabajadores con jornada partida condicionada a que los empleados salgan por la tarde después de las 16 horas. En el análisis, se observa que la empresa cuenta con 310 empleados que disfrutan de reducción de jornada, siendo 298 mujeres, el 96%. La reducción de jornada conlleva que se concluya la jornada laboral antes de las cuatro de la tarde, lo que priva al colectivo (mayoritariamente femenino) de la ayuda alimentaria. Como la empresa no ofreció un motivo convincente, se concluyó que existía un móvil discriminatorio

• TS 23-6-21, EDJ 618981: el TS desestima el recurso de casación interpuesto por la demandada, contra la AN 24-5-19, EDJ 617755 dictada en proceso de conflicto colectivo que declara contraria a derecho la práctica de no abonar los **pluses de idiomas y nocturnidad** y los **complementos por festivos y domingos** a los trabajadores y trabajadoras que disfrutan de alguno de los permisos retribuidos reconocidos en el art.28 del Convenio colectivo del sector (Contact Center). Asimismo, la Sala se pronuncia en el sentido de no considerar dicha conducta como discriminatoria salvo en lo referente a la retribución del permiso por accidente, enfermedad grave u hospitalización, por tener un impacto superior para las mujeres trabajadoras puesto que son quienes, mayoritariamente, se hacen cargo de la atención de los familiares en esas circunstancias, pudiendo acreditarse la discriminación indirecta por cualquier medio, incluidos los datos estadísticos, siempre que éstos no se refieran a fenómenos meramente fortuitos o coyunturales y, además, de manera general, resulten significativos.

• TS 18-7-11, EDJ 216909: el TS desestima el recurso de casación interpuesto por una empresa contra el TSJ Cataluña 9-6-10, EDJ 513989 dictada en autos promovidos por la Direcció General de Relacions Laborals del Departament de Treball de la Generalitat de Catalunya sobre discriminación indirecta. El TS considera que el **sistema de promoción profesional**, pese a su apariencia de neutralidad, produce resultados discriminatorios sin justificación objetiva. En concreto, en el ascenso a las categorías de coordinador y a la de mando es donde se produce una desproporción adversa para las mujeres, porque esos puestos son ocupados, principalmente, por los hombres en porcentajes muy superiores a los cubiertos por mujeres, dado el número de personas de uno y otro sexo que emplea la empresa. Estos resultados se ven favorecidos por el sistema de selección: el ascenso a técnicos y mandos es por libre designación y el pase a coordinador es el resultado de la evaluación continuada del superior inmediato. Adicionalmente, considera el Tribunal que la falta de trasparencia y publicidad de los ascensos –sin que las plazas se oferten– contribuye a los resultados tan desiguales en favor del colectivo de mujeres.

c. Discriminación por asociación

1350 La discriminación por asociación **existe cuando** una persona o grupo en que se integra, debido a su relación con otra sobre la que concurra alguna de las causas previstas en la L 15/2022 art.2.1, es objeto de un trato discriminatorio (L 15/2022 art.6.2.a).

La vulneración del derecho a la no discriminación por razón de sexo en su modalidad de discriminación por asociación (también conocida como discriminación refleja o por vinculación) no es ninguna novedad. Aunque en un número mucho más reducido de **pronunciamientos judiciales** que los que haya podido suscitar la discriminación directa o indirecta, la posibilidad de la discriminación por asociación ha sido recogida por el TJUE, por el TS y por algún TSJ. Lo **novedoso** es, sin embargo, su incorporación a un texto legal para todas las causas de discriminación previstas en la L 15/2022 art.2.1 y no solo para la discapacidad. En cualquier caso, la doctrina judicial española ya había extendido la discriminación refleja a derechos fundamentales distintos al de la discapacidad.

PRECISIONES La modalidad de **discriminación en personas con discapacidad** está recogida en nuestro derecho positivo en el RDL 1/2013 art.63 al regular que se entiende vulnerado el derecho a la igualdad de oportunidades de las personas con discapacidad, cuando, por motivo de o por razón de discapacidad, se produzcan discriminaciones por asociación.

Jurisprudencia del Tribunal de Justicia de la Unión Europea Respecto a la jurisprudencia del TJUE puede destacarse: **1353**

• TJUE 17-7-08: fue la **primera sentencia** que apuesta por acabar no solo con la discriminación abierta, sino también con toda forma de discriminación encubierta. El tribunal se pronuncia acerca del trato desfavorable sufrido por una mujer trabajadora, madre de un **hijo con discapacidad**. El estado de su hijo exigía cuidados específicos y especializados que la propia trabajadora le dispensaba hasta que presentó su dimisión. Posteriormente, interpuso una demanda alegando que había sido víctima de un despido encubierto (*unfair constructive dismissal*) y de un trato menos favorable que el que obtuvieron las restantes personas trabajadoras, debido al hecho de tener a su cargo un hijo aquejado de una discapacidad.

El TJUE falló a favor de la demandante al considerar acreditado que el comportamiento no deseado constitutivo del **acoso** que había sufrido la trabajadora, aunque no se basara en una característica propia de su persona (en este caso, la discapacidad) estaba relacionado con la discapacidad de su hijo, resultando el comportamiento de la empresa.

• TJUE 20-6-19: se pronuncia acerca del despido de una empleada del departamento de recursos humanos de una empresa. El despido, basado en motivos genéricos, se produce después de que la **empleada se quejara** formalmente ante la dirección de la empresa por **descartar la contratación** de una candidata, por razón de su **embarazo**, y a la que la trabajadora había seleccionado. Concluye el TJUE que la protección contra la discriminación por razón debe extenderse igualmente a las personas trabajadoras que, de manera formal o informal, hubieran defendido a la persona protegida o hubieran declarado en su favor.

• TJUE 16-7-15: amplía la discriminación por asociación a un motivo distinto al de la discapacidad, en concreto, a la **etnia**.

Jurisprudencia del Tribunal Constitucional Hay que destacar el TCo 71/2020 en el que una enfermera solicitó la concesión de dos días de **licencia por hospitalización** de su **hermana** por razón de parto, invocando la normativa reguladora de las condiciones de trabajo en el que establece una licencia por enfermedad grave, hospitalización o fallecimiento de parientes. El permiso le fue denegado al considerar que la hospitalización por alumbramiento no está incluida en las previsiones de la norma. **1355**

El TCo consideró que la decisión lesiona, de manera refleja, el derecho de recurrente a la igualdad y a la no **discriminación** ya que el factor prohibido (la discriminación por razón de sexo, al excluir la norma el parto de los supuestos que dan lugar al permiso) constituye el fundamento de la denegación de la licencia solicitada y le ocasiona un perjuicio laboral, aunque no sea en ella, sino en su hermana, en quien concurra la condición que da lugar a la discriminación (la negativa a conceder un permiso por la hospitalización por razón de parto).

Jurisprudencia del Tribunal Supremo El TS 29-1-20, EDJ 510355 no solo es reseñable por ser la **primera** ocasión que el TS acoge el concepto de la discriminación por asociación sino por cuanto declara que la misma es, en este **1358**

caso, indirecta. En esta línea, la doctrina considera que tanto la discriminación por asociación como la discriminación por error no son nuevas formas de discriminación, desde el punto de vista objetivo, a añadir a la discriminación directa e indirecta, sino una ampliación del ámbito subjetivo de protección de la prohibición de discriminación. Por ello, tanto una como la otra pueden ser directa e indirecta.

El tribunal resuelve el recurso de casación planteado por el INSS y la TGSS contra el TSJ Las Palmas 29-8-19, EDJ 51690 que resolvía la posible **extensión del concepto de beneficiario** de las prestaciones en favor de familiares cuando el fallecido era pensionista del seguro obligatorio de vejez e invalidez no percibía una prestación contributiva de las contempladas en LGSS art.217.1.c.

La controversia se suscita respecto del **derecho de acceso a la prestación** en favor de familiares cuando la persona causante de la misma es titular de una prestación contributiva de viudedad y de una de jubilación del seguro obligatorio de vejez e invalidez, y no lo es de una pensión de jubilación o incapacidad contributiva. El INSS denegó la solicitud porque la solicitante no era acreedora a una pensión de jubilación o incapacidad contributiva.

El TS considera que el requisito de la LGSS art.217.1.c es neutro. No obstante, al examinar si la aplicación de su literalidad –«pensiones contributivas de jubilación e incapacidad permanente»– con exclusión de pensiones de vejez e invalidez que, como las del seguro obligatorio de vejez e invalidez, eran también contributivas, puede tener un **impacto negativo** superior sobre las **mujeres**, acaba por concluir que en la medida en que las prestaciones del seguro obligatorio de vejez e invalidez son percibidas en su mayoría por personas de escasos recursos y principalmente género femenino, nos hallamos ante un supuesto de discriminación refleja o transferida porque, a la conclusión anterior de que determinada interpretación de la norma pudiera derivar en una discriminación indirecta por excluir a un sistema de pensiones que, en la práctica, se caracteriza porque sus beneficiarias son mujeres, ha de añadirse que las consecuencias negativas son sufridas sobre quien resulta la beneficiaria por su conexión directa, aun cuando no sea la persona que sufre la discriminación inicial, sino una discriminación por asociación.

1360 **Jurisprudencia de los Tribunales Superiores de Justicia** Respecto a la jurisprudencia de los TSJ puede destacarse:

• TSJ Las Palmas 29-8-19, EDJ 687743: declara nulo el despido de una empleada por asociación a la **actividad sindical** llevada a cabo **por su pareja** y representante legal, a la vez que empleado de la empresa.

La trabajadora prestaba servicios para una empresa, al igual que su pareja sentimental. Tras ser su pareja elegido representante legal de los trabajadores, interpuso **denuncia contra la empresa** ante la Inspección de Trabajo que solicitó a la empresa que pusiese a disposición del comité un local adecuado, así como que procediese a la constitución del comité de seguridad y salud laboral. Posteriormente, la pareja de la trabajadora interpuso demanda por modificación sustancial de sus condiciones de trabajo.

Tras dichas actuaciones, llevadas a cabo por la pareja de la demandante en su condición de miembro integrante del comité de empresa, la **empresa despidió a la trabajadora** alegando una disminución continuada y voluntaria del rendimiento. El JS núm 2 Arrecife 5-9-18 declaró la nulidad del despido, condenando a la demandada a readmitir a la trabajadora y a abonarle los salarios dejados de percibir y condenó a la empresa, a una indemnización por la vulneración del derecho fundamental a no sufrir discriminación.

El TSJ desestima el recurso de suplicación e impone las costas a la empresa tras valorar los **indicios de discriminación** aportados por la trabajadora, tales como el carácter genérico de las causas de despido disciplinario, la inexistencia de sanciones previas, la relación sentimental con el miembro del comité de empresa, etc. Considera aplicable al caso la discriminación por asociación o por vinculación, indicando que los hechos del presente supuesto evidencian claramente un escenario indiciario de vulneración de los derechos fundamentales de la trabajadora, cuya discriminación viene anudada por asociación a la actividad sindical llevada a cabo por su pareja y representante social, actuando frente a la demandada mediante la utilización de denuncias ante la ITSS así como mediante la interposición de una acción judicial, que a la fecha de efectos del despido de la actora, todavía no se había conciliado, lo que se engarza también con la garantía de indemnidad que por asociación o vinculación se extendió a la trabajadora, por el hecho de ser pareja sentimental del representante social que mostraba un gran activismo sindical en la defensa de los derechos de los trabajadores de la empresa y de sus propios derechos laborales.

• TSJ Las Palmas 21-5-18, EDJ 729341. 1363

• TSJ Galicia 4-3-21, EDJ 543240: declara nulo el despido de un empleado que días antes de la comunicación extintiva informa a la empresa del **embarazo de su pareja** sentimental y su intención de acompañarla en determinadas visitas médicas. La inmediatez en el tiempo entre la comunicación del embarazo de su pareja y la del cese llevan al TSJ a concluir que existen indicios suficientes para considerar vulnerado el derecho a la no discriminación por razón de sexo en su modalidad de discriminación por asociación. Ante la imposibilidad de la empresa de aportar una justificación objetiva y razonable de la decisión extintiva, esta fue declarada nula.

• TSJ Sevilla 9-11-17, EDJ 274572.

• TSJ Galicia 2-8-17, EDJ 179988.

Jurisprudencia de la Audiencia Nacional La AN 19-6-23, EDJ 608553 1365
acogió el concepto de discriminación previsto en la L 15/2022 al pronunciarse acerca de la legalidad del **plan de incentivos** de una empresa que, en su clausulado, prevé:

• Unos **índices de absentismo** que de superarse impiden el percibo del plus. Para la fijación de dichos índices se consideran las ausencias justificadas como no justificadas salvo las previstas en el ET art.37.3 y el convenio colectivo, las vacaciones, los días libres por festivo trabajado, las horas de huelga, el tiempo destinado a reconocimiento médico anual de empresa y los créditos sindicales.

• Exige como requisito no haber recibido **sanciones, avisos, escritos y/o amonestaciones** por no alcanzar los estándares de calidad exigidos durante el mes correspondiente.

La Audiencia Nacional anula, por discriminatoria por razón de salud, la decisión de la empresa de suprimir o reducir el cobro de incentivos de los trabajadores por haber estado en situación de **incapacidad temporal** si han conseguido los objetivos establecidos. La misma consideración merece la decisión de suprimir o reducir el cobro de incentivos de las personas trabajadoras por haber utilizado el **permiso de acompañamiento** a **consultas médicas** a menores y mayores de 65 establecido en el convenio colectivo, si han conseguido los objetivos establecidos.

1366 El tribunal considera que ambas medidas son constitutivas de una discriminación indirecta por razón de sexo, por el **efecto adverso** que produce en las mujeres; y, a mayor abundamiento, se considera igualmente constitutivo de una discriminación por asociación habida cuenta que tanto si el acompañamiento a consulta médica está relacionado con la existencia de alguna patología como si lo que se pretende es recibir una atención médica preventiva o prospectiva (vgr. controles médicos, análisis, vacunaciones, etc.), se estaría discriminando al acompañante, la persona trabajadora, que hace uso de este permiso, por su relación con el destinatario de la consulta médica. Relación además reforzada por sus obligaciones legales de cuidado.

En definitiva, **es discriminación por asociación** aquella discriminación que no sufre una persona directamente sino por interrelacionarse con otra persona o grupo de personas que sí sufre una discriminación por cualquiera de los motivos previstos en la L 15/2022 art.2.1.

Como hemos tenido ocasión de indicar, la **novedad** reside en incorporar esta modalidad de discriminación al texto normativo (lo que no se ha producido en ninguna Directiva Comunitaria) ampliando normativamente su ámbito de aplicación a cualquier causa de discriminación.

Teniendo en cuenta la incorporación de los nuevos motivos de discriminación previsto en la norma, se multiplica el **efecto discriminatorio condicionando**, en el ámbito laboral, la calificación de un despido. A ello debemos añadir que la discriminación por asociación no requiere para su aplicación la existencia de parentesco ni siquiera de vinculación familiar bastando que concurra una mera vinculación que deberá ser, en todo caso, acreditada.

d. Discriminación por error o por creencia errónea

1367 La discriminación por error es aquella que **se funda en** una apreciación incorrecta acerca de las características de la persona o personas discriminadas (L 15/2022 art.6.2.b).

La discriminación por error **se produce cuando** una persona es discriminada por creerse de manera errónea, por parte de quien le discrimina, que forma parte de un colectivo protegido. Por ejemplo, se discrimina a una persona por su orientación sexual –por considerar que en atención a sus ademanes o forma de expresarse es homosexual, pese a no serlo–.

Esta modalidad de discriminación (o ampliación del ámbito subjetivo de la discriminación) **se incorpora a través de** la L 15/2022 y, como ocurre con la discriminación por asociación, tampoco se encuentra positivada en el derecho de la Unión Europea, lo que muestra el deseo del legislador de ir más allá de la normativa comunitaria.

La discriminación por error **no debe confundirse con** la discriminación por desconocimiento (aunque este pueda llevar al error). El error al que se refiere la norma conlleva una actuación dolosa por quien discrimina que lo hace asumiendo que el sujeto al que discrimina pertenece a un colectivo protegido, cuando no es así. al por producirse una apariencia causante de error. Estaríamos ante una discriminación por creencia errónea de las características de la persona discriminada.

Jurisprudencia Un supuesto de discriminación por error (el único, probablemente) lo encontramos en la TSJ Galicia 13-4-21, EDJ 528102 que declaró nulo el despido de un **empleado** tras ser **atropellado** durante su jornada laboral. El empresario, tras ser informado del accidente y después de acudir al centro hospitalario, cursa al día siguiente su baja en seguridad social. El trabajador es dado de alta 5 días después. 1368

El tribunal declara nulo el despido por haberse debido este a una **apariencia razonable de discapacidad** que el empresario pudo apreciar de propia mano al acudir al hospital a interesarse por la salud del trabajador el mismo día del accidente. A lo que debe añadirse la conexión temporal existente entre el accidente de tráfico, y la consiguiente apariencia de discapacidad y la baja en la Seguridad Social, acaecida al día siguiente.

e. Discriminación múltiple e interseccional

El legislador da cumplimiento a la resolución del Parlamento Europeo sobre la situación de los derechos humanos en la Unión Europea por medio de la que exhorta a la Unión y a sus Estados miembros a que incluyan la discriminación múltiple en sus políticas en materia de igualdad. Asimismo, la Agencia de los Derechos Fundamentales, en su Informe sobre los derechos fundamentales de 2019 solicita a los Estados miembros que intensifiquen sus esfuerzos con vistas en combatir cualquier forma de discriminación y aprueben legislaciones que afronten de manera efectiva la discriminación interseccional. 1370

Discriminación múltiple La discriminación múltiple **se produce cuando** una persona es discriminada de manera simultánea o consecutiva por dos o más causas de las previstas en la ley (L 15/2022 art.6.3.a). 1373

La discriminación múltiple **exige** que una misma persona sufra, de manera sucesiva o simultánea, dos o más factores de discriminación (homosexual y magrebí, mujer y discapacitada) pero no analiza la interacción de los motivos de discriminación, ni estudia si actúan de manera separada o conjunta.

La discriminación múltiple **supone** la **agravación de la sanción** al considerarse infracción muy grave además de considerarse como criterio de cuantificación de la indemnización (L 15/2022 art.27).

Discriminación interseccional La inclusión de estas dos modalidades de discriminación se enmarca en la **necesidad de proteger** a la víctima de las perniciosas y graves consecuencias que se dan cuando interactúan en una misma persona dos o más motivos de discriminación (especialmente en el caso de las mujeres). Así, la discriminación interseccional **se produce cuando** concurren o interactúan diversas causas de las previstas en la ley, generando una forma específica de discriminación (L 15/2022 art.6.3.b). 1375

La discriminación interseccional si bien es cierto que **requiere**, como la múltiple, de la concurrencia de varios factores de discriminación, supone una **evolución de la discriminación múltiple**. En la discriminación interseccional, la concurrencia simultánea de diversas causas de discriminación, que pueden tener un efecto sinérgico superior a la simple suma de varias formas de discriminación, generan una nueva forma de discriminación que sólo emerge cuando determinadas causas interactúan de determinada manera sobre una concreta persona. Dicho de otro modo, no en todos los casos en que exista una discriminación múltiple existirá una discriminación interseccional. Para poder identificar a través de la interseccionalidad un grupo discriminado; cabrá exigir que la discriminación de sus miembros se base en estereotipos sociales negativos, lesivos para su dignidad, que tengan un perfil propio.

Para entender la discriminación interseccional, deviene imprescindible atender a su **origen**. Doctrinalmente, no es hasta el año 1989 cuando, de manera explícita, se utiliza en un texto jurídico el **concepto de interseccionalidad**. En concreto, en el artículo de la jurista estadounidense Kimberlé Crenshaw *Demarginalizing the Intersection of Race and Sex: A Black Feminist Critique of Antidiscrimination Doctrine, Feminist Theory and Antiracist Politics* al promover sus teorías acerca de cómo la combinación de raza, sexo y clase generaban una opresión particular en las mujeres negras, dando lugar al concepto de interseccionalidad. No obstante, este no era un concepto novedoso ya que las primeras manifestaciones de esta tipología de discriminación ya circulaban a finales de los años 60 y comienzos de los años 70, junto con el movimiento feminista multirracial. El **concepto de simultaneidad** se recoge en el manifiesto en 1977 del *Combahee River Collective*, en Boston, junto con el movimiento feminista multirracial.

1378 El **concepto de discriminación interseccional** surge como una defensa por parte de las mujeres afroamericanas que se sentían oprimidas, de manera múltiple y simultánea. Por un lado, eran discriminadas por los movimientos feministas liderados por mujeres blancas y, por otro lado, era discriminadas por los movimientos en favor de los derechos humanos, liderados por hombres.

La interseccionalidad se ha venido **desarrollando** desde los años 80 y se consagró en la Conferencia contra el Racismo, la Discriminación Racial, la Xenofobia y las formas conexas de la Intolerancia que se realizó en Durban en el año 2001. En el texto de la conferencia se define la discriminación múltiple como aquella que hace referencia a motivos conexos que agravan la discriminación basada en la raza, color, linaje u origen nacional o étnico. En concreto los párrafos 23 y 32, señalan que la interseccionalidad está asociada a dos **características**:

– sus bases o factores son analíticamente inseparables; como la experiencia de la discriminación no puede ser desagregada en diferentes bases, la experiencia es transformada por la interacción; y

– es una experiencia cualitativa diferente, creando consecuencias para las personas afectadas de manera diferente a las consecuencias sufridas por aquellas personas que son sujetos de sólo una forma de discriminación.

El **Comité CEDAW** (siglas en inglés de Convención sobre la Eliminación de todas las Formas de Discriminación contra la Mujer) es un organismo que viene brindando una especial atención a la interseccionalidad en sus Recomendaciones generales, Observaciones finales a los Estados y Dictámenes realizados a partir del procedimiento de las comunicaciones individuales.

1380 Por ejemplo, el Comité CEDAW Recomendación general nº 28 de 2010 establece que la interseccionalidad es un concepto básico para comprender el alcance de las obligaciones generales de los Estados partes en virtud del CEDAW art.2. La **discriminación de la mujer** por motivos de sexo y género está unida de manera indivisible a otros factores que afectan a la mujer, como la raza, el origen étnico, la religión o las creencias, la salud, el estatus, la edad, la clase, la casta, la orientación sexual y la identidad de género. La discriminación por motivos de sexo o género puede afectar a las mujeres de algunos grupos en diferente medida o forma que a los hombres. Los **Estados partes deben** reconocer y prohibir en sus instrumentos jurídicos estas formas entrecruzadas de discriminación y su impacto negativo combinado en las mujeres afectadas. También deben aprobar y poner en práctica políticas y programas para eliminar estas situaciones y, en particular, cuando corresponda, adoptar medidas especiales de carácter temporal, de conformidad con el CEDAW art.4.1 y el Comité CEDAW Recomendación general nº 25.

Destacan, entre otras, las Comité CEDAW Recomendación 20-3-2015 para Canadá para combatir la violencia y la discriminación en contra de las **mujeres indígenas**, señalando la discriminación interseccional que sufren dichas mujeres y que aumenta el riesgo de la violencia. De igual modo, en su investigación critica el uso de estereotipos de género sobre las mujeres indígenas que son representadas como prostitutas, que huyen o que llevan estilos de vidas extremos, lo cual se encuentra estrechamente vinculado con la respuesta deficiente de las autoridades ante sus desapariciones y asesinatos. Y en el mismo sentido se pronunció el citado Comité en su primera investigación concluida por el Comité CEDAW Informe sobre México de 27-1-2005 relativo a los casos de secuestros, violaciones y **asesinatos de mujeres** en Ciudad Juárez, Chihuahua (casos de feminicidio en los que las víctimas eran mujeres jóvenes que se encontraban en una especial situación de vulnerabilidad y pobreza). Ahondando más en esta cuestión, el Comité CEDAW Dictamen 24-2-2020 contra Macedonia del Norte condenó al Estado por discriminación interseccional basada en el género, origen étnico, edad y condiciones de salud en un asunto relacionado con el **desalojo forzoso** de dos adolescentes gitanas estando embarazadas y sin tener acceso a cobertura sanitaria de ningún tipo, con la demolición de todas las viviendas que se encontraban en un asentamiento.

Jurisprudencia Desde un punto de vista jurisprudencial, no podemos dejar de **1383**
destacar el TEDH 24-7-12, caso Beauty Solomon c. España, al ser considerada como la **primera** sentencia que **condena a un Estado** considerando las desigualdades interseccionales de la persona agredida (mujer nigeriana que ejercía la prostitución).

Beauty Solomon es una mujer nigeriana que residía en España y fue **agredida física y verbalmente** mientras ejercía la **prostitución** en tres ocasiones diferentes por los mismos dos **agentes de Policía Nacional**. La joven denunció los hechos y se quejó de ser tratada de manera indebida por ser de raza negra. Los jueces que instruyen los casos requirieron un informe escrito al superior de los policías imputados, pero no se aceptó la realización de una serie de pruebas solicitadas por la víctima como una rueda de reconocimiento. Los casos fueron sobreseídos por los juzgados, alegando falta de pruebas. Aunque la víctima recurrió hasta llegar al Tribunal Constitucional, en ninguna instancia se le dio la razón. Agotados los recursos pertinentes, interpuso una demanda ante el TEDH alegando que el estado español había violado el Convenio Europeo de Derechos Humanos al haber sufrido un trato violento y discriminatorio frente a otras mujeres que, según la Sra. Solomon, se encontraban ejerciendo la misma actividad, pero que, al responder al «fenotipo europeo» no fueron interrogadas por la policía.

El Tribunal Europeo de Derechos Humanos condenó a España a abonar 30.000 € a la demandante por haber violado su **derecho a no sufrir tratos inhumanos y degradantes** y el derecho a la **no discriminación** al estimar que las decisiones dictadas por los órganos jurisdiccionales españoles no tuvieron en cuenta la vulnerabilidad específica de la demandante, derivada de su condición de mujer africana ejerciendo la prostitución.

1385 La **Corte Interamericana de Derechos Humanos** ha dictado varias resoluciones que han abordado la discriminación desde su perspectiva interseccional, de entre las que reseñamos la CIDH 1-9-15 caso González Lluy vs. Ecuador, serie C núm 298.

Talía González Lluy, de tres años, fue infectada de **VIH** debido a una **transfusión de sangre** realizada por la institución de salud, por lo que su madre presentó varios recursos en instancias civiles y penales en Ecuador. A los 5 años, Talía fue escolarizada en una escuela pública hasta que, dos meses después, fue expulsada del colegio por ser portadora del VIH. Rechazo que fue una constante en su vida.

El Tribunal Interamericano concluyó que Talía Gonzales Lluy había sufrido una discriminación derivada de su condición de persona con VIH, niña, mujer, viviendo en condición de pobreza y utilizó por **primera vez** el **concepto de interseccionalidad** para el análisis de la discriminación.

¿**Por qué** estamos ante un caso de **discriminación interseccional** y no múltiple?

Porque la discriminación a la que se enfrentó Talía no solo fue ocasionada por diversos factores, sino que derivó en una forma específica de discriminación, la cual fue **resultado de una intersección** de dichos factores, esto quiere decir, si alguno de esos factores no hubiese existido, la discriminación habría tenido una naturaleza diferente.

Argumentó la Corte que la **pobreza** impactó en el acceso inicial a una indebida asistencia sanitaria que provocó que se contagiara de VIH. A su pobreza, se unió su condición de **seropositiva**, lo que le impidió tener acceso al sistema educativo y, consiguientemente, a su desarrollo integral, que es también un impacto diferenciado teniendo en cuenta el rol de la educación para superar los **estereotipos de género**. Como niña con VIH necesitaba mayor apoyo del Estado para impulsar su proyecto vida. Como mujer, Talía puso de manifiesto los dilemas que siente en torno a la maternidad futura y su interacción en relaciones de pareja, e hizo visible que no ha contado con consejería adecuada.

En definitiva, el caso analizado permite ejemplificar que los **motivos de discriminación** se pueden ver **agravados** en los casos de pobreza la marginación y la exclusión social y que no afectan de igual modo a mujeres que a hombres. Así, la estigmatización del VIH resulta más grave en mujeres que, además, tiene escasos recursos económicos.

1388 Todo lo anterior nos permite concluir que el **concepto tradicional de interseccionalidad** surge con la finalidad de proteger, de manera selectiva, a determinados colectivos especialmente estigmatizados, como el caso de las mujeres discapacitadas, lesbianas, gitanas, indígenas, y lesbianas, entre otros (o lo que es lo mismo, mujeres que sufren otros motivos de discriminación tales como la raza, etnia, orientación sexual, o la discapacidad y que agravan la lesividad del trato discriminatorio del que son víctimas). Recordemos, nuevamente, por su claridad y valor didáctico, la situación que en su día experimentaron las mujeres afroamericanas, que sufrieron una **doble opresión**, el machismo del colectivo de hombres negros que defendían los derechos humanos y la discriminación por parte de las mujeres blancas de clase media que lideraban el movimiento feminista. Otros ejemplos que nos permitirán entender este concepto, de difícil de limitación, es el de las mujeres gitanas, ya que este colectivo es más vulnerable a sufrir discriminación que el de los hombres gitanos (por razón de sexo) y, a su vez, es más vulnerable que el colectivo de mujeres no gitanas (por razón de su etnia y, en algunos supuestos, condición socioeconómica).

La L 15/2022 al regular la discriminación interseccional pretende dar cobertura a **situaciones más agravadas** de vulneración de derechos fundamentales.

Precisamente por haber sido concebida la discriminación interseccional como una herramienta para responder a las maneras en que el género concurre con otros factores de discriminación y cómo esta coexistencia contribuye a generar **experiencias más lesivas de opresión** cabe esperar que se aplique, en especial, al colectivo de mujeres. Lo que no impide, atendiendo a la literalidad del texto legal, que pueda resultar de aplicación a hombres, como sucede en el caso de los MENAS (acrónimo utilizado para las personas extranjeras, menores de 18 años, sin venir acompañadas y en riesgo de desprotección). Con independencia del género del MENA (hombre o mujer), la combinación de tres factores discriminatorios como son la edad, la nacionalidad y la situación socioeconómica genera un perfil discriminatorio propio.

3. Conductas discriminatorias

a. Acoso discriminatorio

Constituye acoso discriminatorio cualquier conducta realizada por razón de alguna de las causas de discriminación previstas en la ley con el objetivo o la consecuencia de atentar contra la dignidad de una persona o grupo en el que se integra y de crear un entorno intimidatorio, hostil, degradante, humillante u ofensivo (L 15/2022 art.6.4). **1405**

El acoso discriminatorio reúne las mismas **características** que cualquier tipo de acoso:

– atenta contra la dignidad de la persona y su integridad moral;

– es una conducta reiterada y frecuente que se realiza con el propósito de crear un entorno intimidatorio degradante u ofensivo, y si es el caso, producir un daño en la salud de la persona trabajadora.

Lo que **diferencia** al acoso discriminatorio de cualquier otro es que este último tiene su **origen y razón** de ser en un motivo discriminatorio.

Ámbito laboral Su definición fue **introducida** en el año 2003 por la L 62/2003 art.28.1 de medidas fiscales, administrativas y del orden social como toda conducta no deseada relacionada con el origen racial o étnico, la religión o convicciones, la discapacidad, la edad o la orientación sexual de una persona, que tenga como objetivo o consecuencia atentar contra su dignidad y crear un entorno intimidatorio, humillante u ofensivo. **1408**

Cualquier orden de discriminar a las personas por **razón** de origen racial o étnico, religión o convicciones, discapacidad, edad u orientación sexual se considerará en todo caso discriminación.

El **acoso** por razón de origen racial o étnico, religión o convicciones, discapacidad, edad u orientación sexual se consideran en todo caso actos discriminatorios.

El **acoso discriminatorio** en el ámbito de las relaciones laborales está previsto en nuestro ordenamiento jurídico pero **limitado** a las siguientes causas de discriminación: edad, discapacidad y sexo.

1410 • Acoso discriminatorio por razón de **edad**: protegido por la Const art.40, por el ET art.4.2.c), por el Estatuto Básico del Empleado Público art.14 y por la L 62/2003 art.28.1.d.

• Acoso por razón de **discapacidad**: se define como toda conducta no deseada relacionada con la discapacidad de una persona, que tenga como objetivo o consecuencia atentar contra su dignidad o crear un entorno intimidatorio, hostil, degradante, humillante u ofensivo (RDLeg 1/2013 art.2.f).

• Acoso **por razón de sexo**: la discriminación basada en el sexo se considera acoso discriminatorio. En este sentido, se considera como acoso discriminatorio por razón de sexo cualquier comportamiento realizado en función del sexo de una persona con el propósito o el efecto de atentar contra su dignidad y crear un entorno intimidatorio, degradante u ofensivo (LO 3/2007 art.7.2).

• **Acoso sexual**: entendido como cualquier comportamiento, verbal o físico, de naturaleza sexual que tenga el propósito o produzca el efecto de atentar contra la dignidad de una persona, en particular cuando se crea un entorno intimidatorio, degradante u ofensivo (LO 3/2007 art.7.1). Al igual que ocurre con el acoso por razón de sexo, se considera un supuesto de acoso discriminatorio.

Tras la entrada en vigor de la L 15/2022, se refuerza el concepto de acoso discriminatorio al **ampliarse** el mismo a todas las **causas de discriminación** previstas en la L 15/2022 art.2.1 y ampliar su **ámbito subjetivo** al grupo en el que se integra la persona.

b. Inducción, orden o instrucción de discriminar o de cometer una acción de intolerancia

1415 La inducción (siempre que sea concreta, directa y eficaz para hacer surgir en otra persona una actuación discriminatoria), así como la orden o instrucción de discriminar o de cometer una acción de intolerancia por cualquiera de las causas establecidas en la ley, merecen la **calificación** de conductas discriminatorias (L 15/2022 art.6.5).

La ley incorpora conceptos ya previstos en la LO 3/2007 para la igualdad efectiva de mujeres y hombres y los amplía a todas las causas de discriminación previstas en la L 15/2022 art.2.1, como quiera que la LO 3/2007 vincula dichas conductas solo a la **discriminación por sexo**.

La inducción, orden o instrucción de discriminar implica una conducta de **carácter doloso** por parte de quien da la orden y, ello, con independencia de que la conducta discriminatoria llegue finalmente a materializarse por parte del sujeto receptor de la orden o instrucción discriminatoria.

Derecho internacional Como indicábamos, los actos de intolerancia no se encuentran regulados en la LO 3/2007 y deberemos remitirnos a normas de derecho internacional tales como: 1418

• **Naciones Unidas** declaración 25-11-1981 sobre eliminación de todas las formas de intolerancia y discriminación fundadas en la religión o las convicciones.

• **Convención interamericana** contra el racismo, la discriminación racial y formas conexas de intolerancia 5-6-2013 aprobada por la asamblea general de la Organización de los Estados Americanos que recoge en el compromiso de los Estados partes de considerar como agravantes aquellos actos que conlleven una discriminación múltiple o actos de intolerancia, es decir, cuando cualquier distinción, exclusión o restricción se base en dos o más de los criterios enunciados en los artículos 1.1 y 1.3 de la Convención (Convención interamericana contra el racismo 5-6-2013 art.11).

• El **Consejo de Europa** define la intolerancia en su página web (Manual de Educación en los Derechos Humanos con jóvenes, https://www.coe.int/es/web/compass/discrimination-and-intolerance/) como una falta de respeto a las prácticas o creencias distintas de la propia. También implica el rechazo de las personas a quienes consideramos diferentes, por ejemplo los miembros de un grupo social o étnico distinto al nuestro, o las personas que son diferentes en su orientación política o sexual. La intolerancia puede manifestarse en una amplia gama de acciones a través de discursos de odio, causar lesiones físicas o incluso el asesinato.

c. Represalias

La última de las conductas discriminatorias que prevé la L 15/2022 son las represalias, **definidas** como cualquier trato adverso o consecuencia negativa que pueda sufrir una persona o grupo en que se integra por intervenir, participar o colaborar en un procedimiento administrativo o proceso judicial destinado a impedir o hacer cesar una situación discriminatoria, o por haber presentado una queja, reclamación, denuncia, demanda o recurso de cualquier tipo con el mismo objeto (L 15/2022 art.6). 1420

La ley **excluye expresamente** de la definición de represalia los supuestos que pudieran ser constitutivos de ilícito penal.

Esta conducta discriminatoria, que no es sino una suerte de indemnidad con una destacable proyección en el ámbito de las relaciones laborales, ya estaba **recogida de manera expresa** en varios textos legales como, por **ejemplo**, en:

• LO 3/2007 (se considera discriminación por razón de sexo cualquier trato adverso o efecto negativo que se produzca en una persona como consecuencia de la presentación por su parte de queja, reclamación, denuncia, demanda o recurso, de cualquier tipo, destinados a impedir su discriminación y a exigir el cumplimiento efectivo del principio de igualdad de trato entre mujeres y hombres).

• L Foral Navarra 8/2017 para la igualdad social de las personas LGTBI y L Madrid 2/2016 de identidad y expresión de género e igualdad social y no discriminación de la que definen la represalia discriminatoria como trato adverso o efecto negativo que se produce contra una persona como consecuencia de la presentación de una queja, una reclamación, una denuncia, una demanda o un recurso de cualquier tipo destinado a evitar, disminuir o denunciar la discriminación o el acoso al que está sometida o ha sido sometida. Términos, prácticamente idénticos a la L 15/2022, si bien esta última amplía el ámbito subjetivo al grupo de personas (y no solo a una persona).

Con esta medida, la ley **pretende proteger** de cualquier efecto adverso a quien denuncie un trato discriminatorio. Esa protección abarca no sólo a la persona afectada sino a aquellas personas que, de manera formal o informal, hubieran defendido a la persona protegida o hubieran declarado en su favor (lo que en el ámbito de las relaciones laborales podría ser otra persona trabajadora o un representante legal de las personas trabajadoras). Recordemos a tal efecto el TJUE 20-6-19 referido al tratar la discriminación por asociación (ver nº 1353).

4. Medidas de acción positiva

1430

a. Definición y origen de las medidas de acción positiva

1435 Las medidas de acción positiva **son** un conjunto de medidas, de carácter temporal, destinadas a corregir situaciones patentes de desigualdad, remover prejuicios, comportamientos y prácticas culturales y sociales que impiden a un grupo social minusvalorado o discriminado (en función de la raza, sexo, situación física de minusvalía, etc.), alcanzar una situación real de igualdad de oportunidades. La acción positiva se dirige a modificar tanto una situación –la de un grupo social marginado– como las acciones concretas de discriminación indirecta que sufre la persona individual por el hecho de pertenecer a ese grupo.

Las medidas de acción positiva, que tienen su **origen** en Estado Unidos, gracias a la presión de los diversos movimientos sociales que pretendían promover la participación de las personas afro-americanas en los diversos aspectos de la sociedad, van más allá de corregir situaciones patentes de desigualdad y se configuran como el instrumento necesario para garantizar la igualdad material (más allá del principio formal de igualdad) y dar cumplimiento al mandato constitucional regulado en la Const art.9.2, que exige a los poderes públicos promover las condiciones para que la igualdad de los individuos y de los grupos en los que se integran sean reales.

Como quiera que las medidas de acción positiva pueden amparar un **distinto tratamiento** hacia algunos colectivos susceptibles de sufrir un trato desigual, podría considerarse que las mismas son, en sí mismas, discriminatorias o quebrantadoras del principio de igualdad.

No obstante, la **compatibilidad del principio de igualdad** con las medidas de acción positiva ha sido ampliamente reconocida y justificada en el ámbito del Derecho Internacional y comunitario.

1438 La Convención de las Naciones Unidas 18-12-1979 para la eliminación de todas las formas de discriminación contra la mujer, señala que no deben entenderse discriminatorias aquellas medidas especiales de carácter temporal encaminadas a acelerar la igualdad de facto entre el hombre y la mujer y el art.141.4 del Tratado de Amsterdam 1997 constitutivo de la Comunidad Europea art.141.4 señala que con objeto de garantizar en la práctica la **plena igualdad entre hombres y mujeres**

en la vida laboral, el principio de igualdad de trato no impide a ningún Estado miembro mantener o adoptar medidas que ofrezcan ventajas concretas destinadas a facilitar al sexo menos representado el ejercicio de actividades profesionales o a evitar o compensar desventajas en sus carreras profesionales.

Asimismo, el Comité para la Igualdad entre Mujeres y Hombres del **Consejo de Europa** define las acciones positivas como el conjunto de estrategias destinadas a establecer la igualdad de oportunidades, por medio de medidas que permitan contrarrestar o corregir aquellas discriminaciones que son el resultado de prácticas o sistemas sociales.

La Dir 27/207/CEE fue la **primera norma** que recogió la idea de que los Estados miembros aprobasen medidas de acción positiva (Dir 27/207/CEE art.4) para acabar con la discriminación de las mujeres en el marco de las relaciones laborales. A la misma **le siguieron** la Dir 86/613/CEE relativa a la aplicación del principio de igualdad de trato entre hombres y mujeres que ejerzan una actividad autónoma, incluidas las actividades agrícolas, la Dir 97/80/CE relativa a la carga de la prueba en los casos de discriminación por razón de sexo y la Dir 2000/78/CE relativa al establecimiento de un marco general para la igualdad de trato en el empleo y la ocupación.

Por su parte, nuestro **Tribunal Constitucional** ha amparado medidas aparentemente discriminatorias cuando su finalidad es acabar con la desigualdad y poner fin a una situación de inferioridad en la vida social y jurídica (TCo 114/83; 128/1987; 109/1993; 128/1987; 269/1994; 109/1993).

En palabras del Tribunal Constitucional, las medidas de acción positiva permiten establecer un derecho desigual desigualitario (TCo 229/92).

b. Medidas en la legislación española

La mayoría de las acciones positivas adoptadas en nuestra legislación española tienen como **colectivo destinatario** a las mujeres. Son normas que discriminan a la mujer por su sexo y que la benefician excluyendo al hombre por imposibilidad de cumplimiento de la condición básica en el supuesto de hecho normativo. **1440**

a) La L 39/1999, de conciliación de la vida laboral y familiar.

b) La LO 1/2004, de medidas de protección integral contra la violencia de género.

c) La LO 3/2007 reconoce de manera expresa el derecho de las mujeres a las medidas de acción positiva e incluso define como acciones positivas muchos de los preceptos de la Ley. Entre los objetivos de la Ley, resulta necesaria, en efecto, una acción normativa dirigida a combatir todas las manifestaciones aún subsistentes de discriminación, directa o indirecta, por razón de sexo y a promover la igualdad real entre mujeres y hombres, con remoción de los obstáculos y estereotipos sociales que impiden alcanzarla (LO 3/2007 exposición de motivos).

Y regula expresamente las **acciones positivas** (LO 3/2007 art.11):

• Con el fin de hacer efectivo el derecho constitucional de la igualdad, los Poderes Públicos adoptarán medidas específicas en favor de las mujeres para corregir situaciones patentes de desigualdad de hecho respecto de los hombres. Tales medidas, que serán aplicables en tanto subsistan dichas situaciones, habrán de ser razonables y proporcionadas en relación con el objetivo perseguido en cada caso.

• También las personas físicas y jurídicas privadas podrán adoptar este tipo de medidas en los términos establecidos en la presente Ley.

d) Por el RDLeg 1/2013 que aprueba la Ley general de derechos de las personas con discapacidad y su inclusión social obliga a que las empresas que cuenten con más de 50 personas trabajadoras contraten al menos a un 2% de personas con discapacidad, elevándose este porcentaje al 7% si se trata de empresas públicas (RDLeg 1/2013 art.42). Tal medida es relativamente obligatoria como quiera que las empresas pueden quedar exoneradas de su cumplimiento a cambio de realizar medidas alternativas.

1443 **Medidas de acción positiva en la L 15/2022** Se consideran acciones positivas las diferencias de trato orientadas a prevenir, eliminar y, en su caso, compensar cualquier forma de discriminación o desventaja en su dimensión colectiva o social. Tales medidas **son aplicables** en tanto subsistan las situaciones de discriminación o las desventajas que las justifican y habrán de ser razonables y proporcionadas en relación con los medios para su desarrollo y los objetivos que persigan (L 15/2022 art.7.7).

En línea con la LO 3/2007, la **legitimidad de las medidas** se condiciona a su naturaleza temporal, a su razonabilidad, a su proporcionalidad y, por último, a su finalidad que no es otra que la de garantizar el ejercicio de derechos y libertades en condiciones de igualdad (L 15/2022 art.2.2).

Legitimidad que se reconoce al **no** considerarse **discriminación** la diferencia de trato basada en alguna de las causas previstas en la L 15/2022 art.2.1 derivada de una disposición, conducta, acto, criterio o práctica que pueda justificarse objetivamente por una finalidad legítima y como medio adecuado, necesario y proporcionado para alcanzarla (L 15/2022 art.4.2).

La **definición** de las medidas de acción positiva que contempla la ley **no altera** sustancialmente el **concepto jurídico** de las medidas de acción positiva existente en nuestro ordenamiento jurídico desde el todavía actual TCo 128/1987 y que ya contaba con una definición legal en la LO 3/2007 art.11.

En definitiva, la norma **no introduce novedades** significativas respecto de las medidas de acción positiva.

Se recuerda que la **negociación colectiva** puede establecer medidas de acción positiva para prevenir, eliminar y corregir toda forma de discriminación, como por ejemplo mecanismos de información y evaluación periódica (L 15/2022 art.10.2), si bien tal previsión ya se encontraba contenida en el ET art.85.1 tras la redacción que le dio a este precepto la LO 3/2007 disp.adic.11ª.15.

La norma habilita que la **empresa** adopte, **de manera voluntaria**, acciones de responsabilidad social al margen de la negociación colectiva (lo que pude favorecer su aplicación al no ser necesario el consenso son la parte social), consistentes en medidas económicas, comerciales, laborales, asistenciales o de otra naturaleza, destinadas a promover condiciones de igualdad de trato y no discriminación en el seno de las empresas o en su entorno social.

La empresa **debe informar** de las acciones adoptadas a los representantes de los trabajadores, quienes, al igual que las organizaciones cuyo fin primordial sea la defensa y promoción de la igualdad de trato y no discriminación y los organismos de igualdad de trato, podrán contribuir a su aplicación, aun cuando su establecimiento haya nacido de la voluntad unilateral de la empresa.

Finalmente, en su intención de intensificar la no discriminación en el trabajo por cuenta propia, fomenta que en los **acuerdos de interés profesional** se incluyan medidas de acción positiva para prevenir, eliminar y corregir toda forma de discriminación por las causas previstas en esta ley en el ámbito del trabajo por cuenta propia (L 15/2022 art.11.3). **1443** (sigue)

Capítulo 4. La ampliación de los motivos de discriminar

1. Consideraciones generales

La L 15/2022 tomando como referencia la Const art.14 añade a los motivos recogidos en la **normativa comunitaria** (a saber, sexo, origen racial o étnico, discapacidad, edad, religión o creencias y orientación sexual) como causas de discriminación la enfermedad o condición de la salud, estado serológico y/o predisposición genética a sufrir patologías y trastornos, identidad sexual, expresión de género, lengua y situación socioeconómica. 2505

De entre las causas de discriminación expresamente referenciadas en la nueva norma, tiene especial trascendencia jurídico laboral la **enfermedad**, que los tribunales españoles no entendían como causa de discriminación de no ser reconducible al concepto comunitario de **discapacidad**. Hasta la fecha, la doctrina del TS venía declarando que no se predicaba la nulidad de los despidos de personas trabajadoras en situación de incapacidad temporal, salvo en aquellos casos en los que la cronificación de la enfermedad y la persistencia de sus síntomas permitieran apreciar una discapacidad en los términos de la Dir 2000/78/CE. Aun cuando la ley no modifica ni el ET art.53 ni el ET art.55 en cuanto a la nulidad objetiva del despido, la reforma operada supone un cambio de paradigma del despido de la persona trabajadora enferma (sin que sea preciso que esté en situación de incapacidad temporal), debiendo, en tal caso, estar al esquema probatorio que se deriva de cualquier vulneración de derechos fundamentales (prueba indiciaria e inversión de la carga probatoria). Todo ello, claro está, siempre que la enfermedad no suponga una limitación objetiva para el ejercicio de determinadas actividades o de las exigidas por razones de salud pública ya que, de ser así, sí podría amparar diferencias de trato.

Por el contrario, otros novedosos motivos de discriminación como son el **estado serológico** y/o **predisposición genética a sufrir patologías** y trastornos parecen tener menos trascendencia jurídico laboral como quiera que la empresa no puede tener conocimiento de tales datos de la persona trabajadora. Y respecto de la discriminación motivada por **identidad sexual o expresión de género**, aunque no tenían un expreso reconocimiento en la normativa se sabían desde la perspectiva jurídico laboral como causas susceptibles de generar discriminación.

Se analizan a continuación las nuevas causas de discriminación, a excepción de la enfermedad o condición de salud que se abordará con detalle en el siguiente capítulo (nº 3100 s.).

2. Los nuevos motivos de discriminar

a. Orientación o identidad sexual y expresión de género

2515 La L 15/2022 **incorpora** la orientación e identidad sexual, así como la expresión de género como causas de discriminación.

No obstante, aunque no tenían un expreso reconocimiento en la normativa se sabían desde la perspectiva jurídico laboral como **causas susceptibles de generar discriminación**. Prueba de ello es la sentencia del **TCo 67/2022**, dictada en fecha 2 de junio de 2022 –por tanto, antes de promulgarse la L 15/2022– que aborda si la identidad de género se integra o no dentro de las categorías sospechosas de ser discriminatorias al amparo de la Const art.14.

El **recurrente** en amparo solicitaba que se declarara la rescisión de su contrato de trabajo en período de prueba como **despido nulo** al considerar que la decisión extintiva obedecía a su identidad de género (concretamente, a su **condición de transgénero**, lo que evidenciaba al acudir al puesto de trabajo vestido en ocasiones de hombre y, en otras, de mujer).

El **Tribunal Constitucional** acaba concluyendo que la identidad de género es una causa de discriminación prohibida por la Constitución Española y que tal identidad no está relacionada con el sexo que se tiene desde que se nace sino con el género, o sentimiento de pertenencia a un sexo.

Para alcanzar tal conclusión, el TCo empieza por **distinguir** los **conceptos de sexo** y **género**. Mientras el sexo, permite identificar a las personas como seres vivos femeninos, masculinos o intersexuales y viene dado por una serie compleja de características morfológicas, hormonales y genéticas, a las que se asocian determinadas características y potencialidades físicas que nos definen, el género, aunque se conecta a las realidades o características biológicas, no se identifica plenamente con estas, sino que define la identidad social de una persona basada en las construcciones sociales, educativas y culturales de los roles, los rasgos de la personalidad, las actitudes, los comportamientos y los valores que se asocian o atribuyen, de forma diferencial, a hombres y mujeres, y que incluyen normas, comportamientos, roles, apariencia externa, imagen y expectativas sociales asociadas a uno u otro género.

En definitiva, el sexo se vincula a la concurrencia de una serie de **caracteres físicos** objetivamente identificables o medibles y los caracteres asociados al género son relativos y coyunturales y pueden variar de una sociedad a otra y de uno a otro tiempo histórico y se incardinan en un sentimiento más íntimo o personal de pertenencia a uno u otro sexo. En cualquier caso, nos encontramos ante condiciones o estados que tienen incidencia en el **ejercicio de los derechos fundamentales** y que conforman uno de los muchos elementos identitarios que pueden llegar a definir el derecho a la autodeterminación personal o a desarrollar, con pleno respeto a la dignidad humana o a la propia identidad personal.

Seguidamente, el Tribunal aborda la definición de **trans** (en tanto que cualidad del recurrente) y, a efectos solo de la resolución –como quiera el término trans aún no cuenta con una definición técnica y puede incluir una amplia **diversidad de situaciones** como son los transexuales hombres y mujeres, personas no binarias, travestis, queer, personas de género fluido, asexuales, polysexuales, quienes definen su género como «otro»– entiende como trans a todas aquellas identidades de género que ponen de manifiesto una discrepancia entre esta y el sexo de la persona. **2520**

A juicio del TC, la identidad de género es una circunstancia que tiene que ver con el libre desarrollo de la personalidad, íntimamente vinculada al respeto de la **dignidad humana** y este rasgo de la identidad, cuando no se ajusta a parámetros hetero-normativos clásicos, es decir, allí donde identidad de género y sexo de la persona no son absolutamente coincidentes, puede hacer al individuo acreedor de una posición de desventaja social históricamente arraigada de las que prohíbe la Const art.14.

PRECISIONES **1)** El propio **TCo 176/2008** establece que la **condición de transexual**, si bien no aparece expresamente mencionada en la Const art.14, es indudablemente una condición o circunstancia personal o social acreedora de protección frente a la discriminación. Conclusión a la que se llega a partir de la constatación de que la transexualidad comparte con el resto de los supuestos mencionados en la Const art.14 el hecho de ser una diferencia históricamente arraigada y que ha situado a los transexuales, tanto por la acción de los poderes públicos como por la practica social, en posiciones desventajosas y contrarias a la dignidad de la persona que reconoce la Const art.10.1.

2) El **Tribunal Europeo de Derechos Humanos** (TEDH) interpreta la cláusula antidiscriminatoria del CEDH art.14 como una cláusula abierta que permite la inclusión de la identidad de género entre las características protegidas. A pesar de que el Tratado FUE art.19 y la CDFUE art.21 no se refieren a la identidad de género, aun teniendo una disposición general contra la discriminación que expresamente menciona la orientación sexual en la lista de motivos prohibidos para justificar la diferencia de trato.

Si bien es cierto que el TCo acaba concluyendo que la identidad de género es una causa de discriminación prohibida por la CE, deniega el amparo al recurrente al haber rebatido su entidad empleadora los **indicios de discriminación** por motivo de identidad de género (de un lado se evocaron razones de **reorganización interna** que, según la instancia, no eran incompatibles con las razones, que también se evocaron, de falta de satisfacción de la contratante con la prestación de actividad laboral por parte del empleado). **2525**

Dicho lo anterior, ha de destacarse que la L 15/2022 incorpora, sin definir, como causa de discriminación la expresión de género, mientras que el TCo hace referencia a la identidad de género.

PRECISIONES Aun cuando la **expresión de género** no es coincidente con la de **género** ni con la **identidad de género**, «el análisis de la protección frente a discriminaciones por razón de expresión de género puede realizarse desde la protección frente a discriminaciones por razón de género o identidad de género» (Yolanda Cano Galán).

b. Estado serológico

2530 El estado serológico se refiere a la **presencia o ausencia** de un marcador serológico en la sangre, tanto de una persona como de un animal. La presencia de un marcador concreto a niveles detectables en el suero se denomina **seropositividad** (seropositiva), mientras que la ausencia de tales niveles se denomina **seronegatividad** (seronegativo).

La prohibición de discriminar por el estado serológico está íntimamente relacionada con la enfermedad o salud, si bien su incidencia en el ámbito de las relaciones laborales no se presume elevada, como quiera que la empresa no puede ser conocedora del estado serológico ni del aspirante al puesto, ni de la persona trabajadora, pues ello atentaría a su intimidad y supondría una vulneración de la normativa en materia de **protección de datos** ya que los datos relacionados con la salud de los aspirantes o candidatos a un puesto de trabajo se encuentran dentro de la categoría de datos especialmente sensibles, que recoge el Reglamento Europeo y, por la misma razón, la Ley Orgánica de Protección de Datos en España.

PRECISIONES El RGPD extiende la prohibición de tratamiento de datos personales a los datos relativos a la salud, por lo que estamos dentro del ámbito de la protección de datos personales. El propio Reglamento los define como **datos personales** relativos a la salud física o mental de una persona física, incluida la prestación de servicios de atención sanitaria, que revelen información sobre su estado de salud (RGPD art.9).

2535 La incorporación de la discriminación por estado serológico evidencia el compromiso del legislador de eliminar el estigma y la discriminación asociados a ciertos estados como el **VIH**.

PRECISIONES El **estigma** es un atributo que desacredita socialmente a quien lo soporta, que queda sometido a reacciones adversas, de hostilidad y de rechazo, que favorecen la soledad y el aislamiento social (Goffman, 1963).

2540 En el **ámbito de las relaciones laborales**, se considerará discriminatoria cualquier actuación, ya sea por acción u omisión, que suponga una distinción arbitraria entre las personas por razón de su estado de salud o su estado serológico (por ejemplo, el VIH, confirmado o sospechado), ya sea por no permitir el acceso al empleo o por suponer la extinción del mismo.

En su primer informe global sobre discriminación en el trabajo de la OIT del año 2003, ya se alertaba sobre esta causa de discriminación, al afirmar que la discriminación contra las personas aquejadas de **VIH/SIDA** constituye igualmente una preocupación creciente, especialmente en contra de la mujer.

Esta discriminación puede adoptar diferentes **formas**, que incluyen:

– la exigencia de realizar **pruebas médicas** que puedan resultar en una negativa de contratación;

– la exigencia de la **prueba serológica** a los **visitantes extranjeros** que van a permanecer largo tiempo en el país; y

– en algunos países, la obligación de realizar pruebas médicas los trabajadores **migrantes**.

Otras formas de discriminación incluyen despidos sin pruebas médicas, notificación ni entrevista, descenso de categoría, denegación de prestaciones del seguro de salud, reducciones salariales o acoso.

El carácter estigmatizante del **COVID-19** fue determinante para que varios pronunciamientos judiciales declararan nulo el despido de personas trabajadoras infectada por el COVID-19: 2545

1. El JS Mataró núm 1, 1-1-21, consideró discriminatorio el despido de un trabajador dos días más tarde de causar baja por IT por COVID-19 al entender que el verdadero motivo del despido era el hecho de que el actor, era sospechoso de portar una enfermedad infecciosa y altamente contagiosa, pudiéndose equiparar a la de **enfermedad estigmatizante**, es decir aquella que produce en terceras personas actitudes de rechazo, reparo o miedo.

2. En el mismo sentido se pronunció el JS Murcia, núm 9, 10-12-20, EDJ 790822 en un supuesto relativo al despido de una trabajadora que prestaba servicios de atención al público en una carnicería y que fue cesada por bajo rendimiento dos días después de comunicar a la empresa que presentaba síntomas compatibles con la **infección por COVID-19**.

3. En el mismo sentido, TSJ País Vasco 19-10-21, EDJ 852343.

c. Predisposición genética a sufrir patologías y trastornos

La discriminación genética o genoísmo se refiere al tratamiento desigual de las personas en función de un aspecto de su **código genético o genoma**, por ejemplo, el riesgo de padecer un trastorno genético. 2550

Los datos genéticos proporcionan información acerca de las **características hereditarias** de las personas. Su estudio está siendo aplicado en numerosas circunstancias de la vida humana, como el diagnóstico de miles de enfermedades genéticas, las predisposiciones genéticas a desarrollar enfermedades o la identificación genética humana (utilizada en el ámbito de las investigaciones criminales).

No obstante lo anterior, a medida que se avanzaba en el desarrollo del proyecto genoma humano, la comunidad científica fue adquiriendo conciencia de las repercusiones derivadas de tal conocimiento, no sólo desde la óptica científica sino social, laboral o ética.

PRECISIONES Louise Slaughter, una de las impulsoras de la ley americana de no discriminación por información genética, señala que nadie nace con los genes perfectos, por lo que cada uno de nosotros es una **víctima potencial de discriminación genética**.

La **Conferencia General de la UNESCO**, consciente de que el conocimiento de la información genética puede entrañar riesgos para el ejercicio y la observancia de los derechos humanos, las libertades fundamentales y para el respeto de la dignidad humana aprobó el 16-10-2003 la Declaración Internacional sobre Datos Genéticos Humanos con normas éticas, científicas y organizativas relativas al tratamiento, utilización y conservación de los datos genéticos humanos y en cuyo art.7 se prevé que debería hacerse todo lo posible por garantizar que los datos genéticos humanos y los datos proteómicos humanos no se utilicen con fines que discriminen, al tener como consecuencia la violación de los derechos humanos. 2555

Ya en el año 2007, la **OIT** destacaba en su informe global sobre **igualdad en el trabajo** que una de las tendencias detectadas recientemente es la aparición de prácticas que castigan a personas con una predisposición genética a contraer enfermedades específicas o a las que llevan determinado estilo de vida. El rápido desarrollo de la genética y de nuevas tecnologías relacionadas con este campo ha facilitado la obtención de información. El informe dice que la **prueba genética tiene** importantes consecuencias en un trabajo donde, por ejemplo, los empleadores pudieran discriminar a trabajadores que tengan predisposición a desarrollar una enfermedad más adelante. La discriminación genética en el lugar de trabajo ha sido probada e impugnada en diversas instancias judiciales en el mundo.

2560 Países como **Estados Unidos** cuentan ya desde el año 2008 con leyes antidiscriminatorias en esta materia. En concreto, el 21 de mayo de 2008 se promulgó la Genetic Information Nondiscrimination Act (GINA) –Ley de no discriminación por información genética– que, en el ámbito laboral, prohíbe a las empresas usar la información genética para tomar decisiones en materia de acceso al empleo, contratación o extinción de la relación laboral.

Por su parte, **España** cuenta con varios instrumentos jurídicos para proteger este motivo de discriminación:

1. El 23-7-1999 ratificó el Convenio del Consejo de Europa para la protección de los derechos humanos y la dignidad del ser humano respecto de las aplicaciones de la biología y la medicina, conocido también como **Convenio sobre Derechos Humanos y Biomedicina** o «Convenio de Oviedo», suscrito en Oviedo el 4-4-1997 y cuyo propósito es evitar el abuso del desarrollo tecnológico en lo que concierne a la biomedicina, proteger la dignidad humana y los derechos humanos y evitar toda forma de discriminación de una persona a causa de su patrimonio genético (art.11).

2. En fecha 3-7-2007, se aprobó la **L 14/2007** de Investigación biomédica cuyo sistema de garantías recoge una relación precisa que pone los límites del principio de libertad de la investigación en la defensa de la dignidad e identidad del ser humano y en la protección de su salud y regula de manera específica en su art.6 la no discriminación ya sea por causa de las características genéticas o de la negativa de la persona a someterse a un análisis genético o a prestar su consentimiento para participar en una investigación biomédica o a donar materiales biológicos, en particular en relación con la prestación médico-asistencial que le corresponda.

d. Lengua

2565 Se entiende por discriminación lingüística la que sufre una persona o grupo social debido a la lengua en la que se expresa o sus **particularidades lingüísticas** (ej. acento).

Fue la lingüista finesa Tove Skutnabb-Kangas quien, a mediados de la década de 1980, acuñó el término de **lingüicismo**, definido como las ideologías y estructuras que se utilizan para legitimar, efectuar y reproducir la división desigual del poder y de los recursos entre los grupos que se definen sobre la base de la lengua.

Por su parte, el doctor John Baugh, catedrático y director de Estudios Afroamericanos y Africanos en Artes y Ciencias en la Universidad Washington de San Luis (Washington University in St. Louis) e inventor del término *«linguistic profiling»* (perfil lingüístico) llevó a cabo un experimento sociológico (a través de cientos de llamadas telefónicas) para acreditar que en estados Unidos muchas personas emitían **juicios racistas** y rápidos sobre las personas que llamaban con dialectos diversos. De este modo, posibles empleadores, agentes inmobiliarios, prestamistas y proveedores de servicios, antes de poder evaluar las capacidades, los logros, la solvencia, la ética o la capacidad laboral de una persona la bloqueaban basándose únicamente en la lingüística (al sonar la voz afroamericana o mexicanoamericana).

En **nuestro ámbito laboral**, requerir el dominio de una lengua no resulta constitutivo de discriminación si concurre un motivo objetivo que justifique la exigencia del mismo (por ejemplo, el carácter multinacional de la empresa donde una determinada lengua se considera vehicular).

Por el contrario, si podría considerarse como una actuación discriminatoria si el uso de una determinada lengua o acento se vincule a **otras causas de discriminación** como son la raza, etnia o condición socioeconómica.

e. Situación socioeconómica

La situación socioeconómica como causa de discriminación ya estaba presente **2570**
en la declaración Universal de los Derechos Humanos, en la Carta Social Europea, en el Convenio Europeo de Derechos Humanos así como en el ET art.17.1 (que alude a la condición social como causa de discriminación).

En todo caso, desde el **punto de vista práctico**, esta causa discriminatoria parece que va a tener más trascendencia práctica en ámbitos distintos al laboral (por ejemplo, para evitar la imposibilidad del acceso a determinados bienes o servicios, alquileres, etc.), salvo que pudiera acreditarse, por ejemplo, que la valoración de la idoneidad de un candidato a un puesto se ha hecho atendiendo a factores que denotan su capacidad o falta de capacidad económica (lugar de residencia, aspecto, universidad de procedencia, etc.).

Capítulo 5. Enfermedad y discriminación

3100

A. Marco jurídico

Con anterioridad a la entrada en vigor de la L 15/2022 de 15 de julio, destacan las siguientes **disposiciones en materia de no discriminación** y que forman parte de nuestro ordenamiento jurídico: 3105

a) Dentro del marco de **Naciones Unidas**, destacan el Pacto de Derechos Sociales, Económicos y Culturales, y el Pacto Internacional de Derechos Civiles y Políticos, cuyo art.26 configura la no discriminación como un derecho de carácter autónomo y general.

b) El **Tratado UE**, establece la no discriminación como uno de los valores comunes de la Unión y la lucha contra la discriminación como uno de los objetivos de la misma (Tratado UE art.2).

c) La Carta de los Derechos Fundamentales de la Unión Europea, que goza de la misma validez jurídica que los tratados de la Unión Europea y que prohíbe toda clase de discriminación y, en particular y entre otras, la ejercida por razón de discapacidad (CDFUE art.21). Además de reconocer el derecho a la integración de las personas con discapacidad (CDFUE art.26).

d) El **Tratado de Funcionamiento** de la Unión Europea, que establece la no discriminación como uno de los valores comunes de la Unión Europea y la lucha contra la discriminación (Tratado FUE art.2).

e) La **Dir 2000/78/CE** del Consejo, relativa al establecimiento de un marco general para la igualdad de trato en el empleo y la ocupación.

f) La **Constitución Española** establece que los españoles son iguales ante la ley sin que pueda prevalecer discriminación alguna por razón de nacimiento, raza, sexo, religión, opinión o cualquier otra condición o circunstancia social o personal (Const art.14).

g) El **Estatuto de los Trabajadores** reconoce el derecho de los trabajadores a no ser discriminados directa o indirectamente para el empleo o, una vez empleados, y por distintos motivos entre los que se encuentra la discapacidad (ET art.4.2.c).

h) El Estatuto de los Trabajadores, que entiende nulos y sin efecto, entre otros, las decisiones unilaterales del empresario que den lugar en el empleo, así como en materia de retribuciones, jornada y demás condiciones de trabajo, a situaciones de discriminación directa o indirecta por razón, entre otros, de discapacidad (ET art.17.1).

i) El Estatuto de los Trabajadores que sanciona, con nulidad, el despido que tenga por móvil alguna de las causas de discriminación prohibidas en la Constitución o en la ley, o bien se produzca con violación de derechos fundamentales y libertades públicas de la persona trabajadora (ET art.55.5).

De este modo, cabe precisar que si bien ninguna de las disposiciones citadas recoge expresamente la enfermedad o condición de salud como causa de discriminación, las mismas **prohíben la discriminación** por cualquier condición o circunstancia social o personal.

En este contexto normativo entra en vigor la L 15/2022, integral para la igualdad de trato y la no discriminación, concebida para convertirse en el mínimo común normativo que contenga las definiciones fundamentales del **derecho antidiscriminatorio español** y que, respecto del marco jurídico ya existente, introduce distintas novedades legales en relación con la enfermedad y la condición de salud en la relación laboral que se analizan en los apartados siguientes (L 15/2022 exp.motivos).

Así, del texto de la L 15/2022 se desprende que la misma **no se limita** a trasponer al derecho español la Directiva 2000/78/CE sino que es más ambiciosa, al tipificar como factor de discriminación la enfermedad y la condición de salud, sin limitarse, a la enfermedad de larga duración o la enfermedad que tenga una vinculación con una situación de discapacidad.

B. Evolución de la jurisprudencia

3115 Antes de la entrada en vigor de la L 15/2022 la jurisprudencia evolucionó de la forma siguiente:

1. Enfermedad como factor discriminatorio: elemento de segregación

3120 Si la enfermedad o la condición de salud como factor discriminatorio es tomado como un **elemento de segregación o estigmatización** de quien la padece. La decisión empresarial que afecta a un trabajador en incapacidad temporal no vinculado a dicho elemento de segregación o estigmatización no debe sancionarse con la nulidad.

Calificación jurídica del despido El Tribunal Supremo juzga la calificación jurídica que corresponde al cese del actor que ha sido despedido sin que concurra la causa objetiva alegada en la carta de despido (terminación de una contrata que no finalizó sino que fue prorrogada), pero habiéndose apreciado que el motivo real del cese han sido las **bajas médicas del trabajador**, que hacen que su prestación de trabajo no sea rentable para la empresa. En este caso, la persona trabajadora no solo se encontraba en situación de incapacidad temporal en el momento del despido sino que en el último año de trabajo estuvo en activo menos de 4 meses (TS 29-1-01, EDJ 1034). 3125

Mientras que el TSJ de Cataluña de 28-2-00, EDJ 4316, recurrido en casación por unificación de doctrina y que origina la sentencia del Tribunal Supremo que se comenta, declaró la nulidad del despido por considerar que con dicha decisión **se discriminaba a quien por razones de salud** se ve obligado a acogerse a la protección establecida en las normas laborales y en la Seguridad Social, y sin que concurran ninguno de los supuestos del despido por causas objetivas; la sentencia de contraste, dictada por el TSJ de Valladolid 16-3-98, EDJ 14549, considera que el despido por causas objetivas de un trabajador en situación de incapacidad temporal, con motivo de la reorganización de las actividades del departamento, no es discriminatorio sin que se viole ningún derecho fundamental de la persona trabajadora.

En la misma línea de lo dispuesto en el TS 17-5-00, EDJ 11793, el Tribunal Supremo razona en el TS 29-1-01, EDJ 1034, que en los supuestos en los que se alegue discriminación en relación con una circunstancia no incluida explícitamente entre las causas específicas de discriminación de la Constitución, pero que puede ser incluida en la **cláusula genérica antidiscriminatoria** de «cualquier otra condición o circunstancia social o personal», solo procedería la declaración de nulidad del despido si la decisión extintiva del contrato de trabajo es puramente arbitraria que se convierte en un elemento de segregación por tal condición social o personal. De este modo, y de conformidad con el criterio del Tribunal Supremo:

a) La cláusula genérica antidiscriminatoria de la Const art.14 **no puede interpretarse en el sentido amplio** de que comprenda cualquier tipo de condición o circunstancia pues, en dicho caso, la prohibición de discriminación se confundiría con el principio de igualdad.

b) Lo que caracteriza la prohibición de discriminación es que en ella se utiliza un **factor de diferenciación** que merece especial rechazo por el ordenamiento y provoca una reacción más amplia, porque para establecer la diferencia de trato se toman en consideración condiciones que históricamente han estado ligadas a formas de opresión o de segregación de determinados grupos o que se excluyen como elementos de diferenciación para asegurar la plena eficacia de los valores constitucionales en que se funda la convivencia en una sociedad democrática y pluralista.

c) La enfermedad, en el sentido genérico que en el caso analizado se tiene en cuenta desde una **perspectiva estrictamente funcional** de incapacidad para el trabajo, que hace que el mantenimiento del contrato de trabajo del actor no se considere rentable por la empresa –la empresa prefiere prescindir de un trabajador que en el último año ha permanecido en activo menos de 4 meses–, no es un factor discriminatorio en el sentido estricto de la Const art.14, aunque pudiera serlo en otras circunstancias en las que resulte apreciable el elemento de segregación.

d) Siendo que el ET art.52.d (derogado a la fecha) permite que las **ausencias por enfermedad**, aun justificadas, puedan constituir en determinadas condiciones causa lícita de despido, el despido de una persona trabajadora en incapacidad temporal respecto del que no hay razón para sospechar que se halle vinculado a una discapacidad, debe sancionarse con la improcedencia y no con la nulidad.

e) Solo procedería la **declaración de nulidad del despido** si la enfermedad, como causa de segregación (factor de diferenciación discriminatorio), fue lo que motivó el despido.

De este modo, el Tribunal Supremo considera que si una persona trabajadora en una situación de **incapacidad temporal** es despedida sin que exista un motivo o razón para sospechar que el despido está vinculado a una discapacidad, la consecuencia del despido no puede ser la declaración de nulidad que, en caso contrario y tal y como ha ratificado el Tribunal de Justicia de la Unión Europea, sí tendría lugar.

3130 **TCo 62/2008** La **evolución posterior** de la doctrina (nº 3125) pasa por el TCo 62/2008, que valida el criterio de la Sala de lo Social del Tribunal Supremo antes expuesto, y en la cual se analiza el caso de una persona trabajadora despedida a los 2 meses de iniciada la relación laboral y por causas disciplinarias, en concreto, por no haber informado a su empleador que tenía una enfermedad crónica previa en las vértebras (que nunca fue reconocida por el INSS como incapacidad permanente en ninguno de sus grados), que le impedía trabajar en la construcción, y que estuvo de baja por incapacidad temporal 10 días antes de su despido.

Mientras que dichos hechos fueron considerados por el empleador como una **transgresión de la buena fe contractual**, el demandante consideraba que su despido por enfermedad transitoriamente discapacitante para el trabajo vulneraba su derecho a la igualdad y a la no discriminación así como su derecho a la integridad física y moral (Const art.15).

A fin de **analizar si el despido motivado** por las dolencias físicas de la persona trabajadora debía ser declarado nulo por discriminatorio, o no, el máximo tribunal nacional parte de la consideración de que:

a) No todo criterio de diferenciación, ni todo motivo empleado como soporte de decisiones causantes de un perjuicio, puede entenderse **automáticamente incluido** sin más en la prohibición de discriminación de la Const art.14; y

b) Para **determinar** si un criterio de diferenciación no expresamente indicado en la Const art.14 puede entenderse incluido en la cláusula genérica de prohibición de discriminación por razón de «cualquier otra condición o circunstancia personal o social», resulta necesario analizar la **razonabilidad del criterio**, teniendo en cuenta que lo que caracteriza a la prohibición de discriminación, frente al principio genérico de igualdad, es la naturaleza particularmente odiosa del criterio de diferenciación utilizado, que convierte en elemento de segregación, cuando no de persecución, un rasgo o una condición personal innata o una opción elemental que expresa el ejercicio de las libertades más básicas, resultando así un comportamiento radicalmente contrario a la dignidad de la persona y a los derechos inviolables que le son inherentes (Const art.10).

Así como los motivos de discriminación citados expresamente en la Const art.14 implican un **juicio de irrazonabilidad de la diferenciación**, tal juicio debe ser realizado inexcusablemente en cada caso que se ampare en la cláusula genérica antidiscriminatoria de «cualquier otra condición o circunstancia social o personal», y ello no ya para apreciar la posibilidad de que uno de tales motivos pueda ser utilizado excepcionalmente como criterio de diferenciación jurídica sin afectar a la prohibición de discriminación, como ha admitido el TCo 103/1983, 128/1987, 229/2992, 126/1997, sino para la determinación misma de si la diferenciación considerada debe ser **analizada desde la prohibición** de discriminación de la Const art.14, en la medida en que responda a un criterio de intrínseca inadmisibilidad constitucional análoga a la de los allí contemplados, o con la perspectiva del principio genérico de igualdad (TCo 197/2000).

Si bien el Tribunal Constitucional admite que el estado de salud de la persona trabajadora o, más propiamente, su enfermedad, pueden, en determinadas circunstancias, constituir un **factor de discriminación** análogo a los expresamente contemplados en la Const art.14, encuadrable en la cláusula genérica de las otras circunstancias o condiciones personales o sociales contemplada en el mismo, considera que (TCo 62/2008):

a) El empleador no despidió a la persona trabajadora por estar enferma, ni por ningún prejuicio excluyente relacionado con su enfermedad, sino por considerar que dicha enfermedad **le incapacitaba para desarrollar su trabajo**, hasta el punto de que el propio empleador ha señalado que de haber conocido dicha circunstancia antes de la contratación no habría procedido a contratarlo; y

b) Al no haber aportado el demandante un **indicio discriminatorio**, no hay inversión de la carga de la prueba y, por tanto, el despido puede ser procedente o improcedente pero no nulo por discriminatorio.

En todo caso, resulta relevante citar el voto particular del Magistrado D. Jorge **3133**
Rodríguez-Zapata Pérez, formulado con anterioridad al TJUE 11-4-13 (caso HK Danmark y otros contra HK Danmark y otros, asuntos C-335/11 y C-337/11), que asimila la **enfermedad de larga duración** a la situación de **discapacidad** (nº 3140), y en virtud del cual aquel manifiesta, en su opinión, que existen enfermedades o afecciones crónicas que no alcanzan el grado de una discapacidad y que, sin embargo, constituyen una categoría intermedia entre esta y la simple enfermedad estrictamente funcional para el trabajo y generan, en casos como el enjuiciado, acciones discriminatorias que es necesario considerar prohibidas en la cláusula genérica de las otras circunstancias o condiciones personales o sociales de la Const art.14.

Por tanto, y en atención a los pronunciamientos judiciales citados, el hecho de que el **marco normativo anterior** a la entrada en vigor de la L 15/2022 no hubiese reconocido explícitamente a la enfermedad o condición de salud como factor de discriminación, no impedía que la enfermedad o el estado de salud pueda considerarse incluido en la cláusula genérica de discriminación «cualquier otra condición o circunstancia social o personal» si la decisión empresarial era tomada como un elemento de segregación basado en la mera existencia de la enfermedad en sí misma considerada o en la estigmatización como persona enferma de quien la padece.

El TJUE estableció los cimientos para que posteriormente el mismo Tribunal **asimile las enfermedades de larga duración a la discapacidad** tal y como se comenta en el nº 3140 (TJUE 11-7-06 Caso Chacón Navas). En efecto, analizando las cuestiones prejudiciales planteadas por el JS Madrid núm 33, el TJUE 11-7-23, considera y en relación con la Dir 2000/78/CE, que:

a) Dicha directiva únicamente hace referencia al **concepto de discapacidad**, entendiéndose como una limitación derivada de dolencias físicas, mentales o psíquicas y que suponga un obstáculo para que la persona de que se trate participe en la vida profesional;

b) En la medida que el legislador comunitario escogió deliberadamente el término de discapacidad y no el de enfermedad, consideró preciso **excluir la equiparación** pura y simple de ambos conceptos;

c) Para que la **limitación de la capacidad** de participar en la vida profesional pueda incluirse en el concepto de discapacidad de la directiva, se requiere la probabilidad de que tal limitación sea de larga duración;

d) La directiva no contiene indicación alguna que sugiera que las personas trabajadoras se encuentran protegidas en virtud de la prohibición de discriminación **por motivos de discapacidad** tan pronto como aparezca cualquier enfermedad, más aún cuando la importancia que el legislador comunitario atribuye a las medidas destinadas a adaptar el puesto de trabajo en función de la discapacidad demuestran que tuvo en mente supuestos en los que la participación en la vida profesional se ve obstaculizado durante un largo período; y

e) La enfermedad en cuanto tal **no puede considerarse un motivo** que venga a añadirse a aquellos otros motivos en relación con los cuales la Dir 2000/78/CE prohíbe toda discriminación.

Así, el Tribunal de Justicia de la Unión Europea consideraba que una persona que había sido despedida exclusivamente a **causa de su enfermedad** no estaba incluida en el marco general establecido por la Dir 2000/78/CE.

2. Asimilación de la enfermedad de larga duración a la situación de discapacidad

3140 **TJUE 11-4-13** Teniendo como antecedente el TJUE 11-7-06 (Caso Chacón Navas) comentada anteriormente, con el TJUE 11-4-13 (caso HK Danmark y otros contra HK Danmark y otros, asuntos C-335/11 y C-337/11), el tribunal cambió el panorama al **asimilar** la enfermedad de larga duración a la discapacidad.

En ese sentido, el TJUE 11-4-13 razona que la discapacidad es un concepto que evoluciona y, por este motivo, con base en la Convención de la ONU ratificada por la Unión Europea mediante Decisión (UE) 48/2010 (ratificada con posterioridad a la Sentencia Chacón Navas), argumenta que el **concepto de discapacidad** debe entenderse en el sentido de que se refiere a una limitación, derivada en particular de dolencias físicas, mentales o psíquicas a largo plazo que, al interactuar con diversas barreras, puede impedir la participación plena y efectiva de la persona de que se trate en la vida profesional en igualdad de condiciones con las demás personas trabajadoras. Asimismo, el Tribunal considera que una discapacidad no implica necesariamente la exclusión total del trabajo o de la vida profesional, de modo tal que el concepto de discapacidad debe entenderse en el sentido de que se refiere a un obstáculo para el ejercicio de una actividad profesional pero no como una imposibilidad de ejercer tal actividad.

Teniendo en cuenta esta definición e interpretándola en el **marco de la enfermedad**, el Tribunal comunitario estima que:

(i) Si la enfermedad diagnosticada médicamente como curable o incurable **acarrea una limitación**, derivada en particular de dolencias físicas, mentales o psíquicas que, al interactuar con diversas barreras, puede impedir la participación plena y efectiva de la persona de que se trate en la vida profesional en igualdad de condiciones con los demás trabajadores y si esta limitación es de larga duración, tal enfermedad puede estar incluida en el concepto de discapacidad en el sentido de la Dir 2000/78/CE.

Contrario sensu, la enfermedad que **no suponga una limitación** de dicha índole no está comprendida en el concepto de discapacidad en el sentido de la Dir 2000/78/CE.

(ii) La **naturaleza** de las medidas que el empleador ha de adoptar no es determinante para considerar que al estado de salud de una persona le es aplicable el concepto de «discapacidad».

TJUE 1-12-16 En el mismo sentido se pronuncia el TJUE 1-12-16, asunto C-395/15 (caso Mohamed Daouidi), y 9-3-17, asunto C-406/15 (caso Petya Milkova), destacando el caso del Sr. Daouidi. **3145**

En efecto, a raíz de las cuestiones prejudiciales formuladas por el Juzgado de lo Social 33 de Barcelona, el tribunal comunitario se pronuncia sobre el caso del Sr. Daouidi, un ayudante de cocina despedido por haber sufrido una caída que dislocó su codo izquierdo y que lo situó en una situación de **incapacidad temporal de duración incierta**. Lo novedoso de este caso es que, ante la ausencia de una definición de «limitación de larga duración» en la Convención de la ONU ratificada por la Unión Europea mediante Decisión (UE) 48/2010, el Tribunal de Justicia de la Unión Europea se pronuncia indicando que:

a) El hecho de que el interesado se halle en situación de incapacidad temporal, con arreglo al Derecho nacional, de **duración incierta**, a causa de un accidente laboral no significa, por sí solo, que la limitación de su capacidad pueda ser calificada de «duradera», con arreglo a la definición de «discapacidad» mencionada en la Directiva e interpretada a la luz de la Convención de la ONU.

b) El **carácter «duradero»** de la limitación que se asimila a la discapacidad debe analizarse con respecto al estado de incapacidad del interesado en la fecha en la que se adopta con él el acto presuntamente discriminatorio, correspondiendo al juzgador nacional comprobar si la limitación de la capacidad de interesado tiene carácter duradero al ser tal comprobación, ante todo, de carácter fáctico.

c) Entre los **indicios** que permiten considerar que una limitación es «duradera» figuran, en particular, el que, en la fecha del hecho presuntamente discriminatorio, la incapacidad del interesado no presente una perspectiva bien delimitada en cuanto a su finalización a corto plazo o, el que dicha incapacidad pueda prolongarse significativamente antes del restablecimiento de dicha persona.

d) En la comprobación del carácter «duradero» de la limitación de la capacidad del interesado, el juzgado debe basarse en todos los **elementos objetivos** de que disponga, en particular, en documentos y certificados relativos al estado de esa persona, redactados de acuerdo con los conocimientos y datos médicos y científicos actuales.

e) De llegar el juzgador nacional a la conclusión de que la limitación de la capacidad del trabajador es «duradera», hay que recordar que un trato desfavorable por motivos de discapacidad solo es contraria a la Dir 2000/78/CE en la medida en que constituya una **discriminación directa o indirecta** en los términos de la Dir

2000/78/CE art.2.1. En este sentido, existe discriminación directa cuando una persona sea, haya sido o pudiera ser tratada de manera menos favorable que otra en situación análoga por alguno de los motivos objeto de protección. Asimismo, existe una discriminación indirecta cuando una disposición, criterio o práctica aparentemente neutros pueda ocasionar una desventaja particular a una persona con «discapacidad», respecto de otras personas, salvo que:

– Dicha disposición, criterio o práctica pueda **justificarse objetivamente** con una finalidad legítima y salvo que los medios para la consecución de dicha finalidad sean adecuados y necesarios, o que,

– Respecto de las personas con una discapacidad determinada, el empleador esté obligado, en virtud de la legislación nacional, a **adoptar medidas adecuadas** para eliminar las desventajas que supone esa disposición, ese criterio o esa práctica.

PRECISIONES Mediante sentencia de 23-12-16, el Juzgado de lo Social núm 33 de Barcelona estimó íntegramente la demanda interpuesta por el Sr. Daouidi, declarando la nulidad del despido por constituir una **discriminación por razón de discapacidad** y lesionar otros derechos fundamentales de la Carta de Derechos Fundamentales de la Unión Europea, entre ellos, el derecho a la integridad física y psíquica de la persona, el derecho a trabajar y ejercer una profesión libremente elegida o aceptada, el derecho a trabajar en condiciones que respeten su salud su seguridad y su dignidad, el derecho a la protección de la salud y el derecho a la seguridad social. En concreto, el juzgado consideró que:

1. En el caso analizado concurren los indicios de «**limitación duradera**» (porque a la fecha del despido ya se conocía que la recuperación del trabajador no sería a corto plazo, lo que fuera confirmado por la significativa prolongación de la incapacidad temporal hasta un total de casi 10 meses) y, por tanto, se incluye dentro del concepto de discapacidad a efectos de la Directiva 2000/78; y

2. Concurre la discriminación por discapacidad en el despido de la persona trabajadora, en los términos previstos en la Dir 2000/78/CE art.2.1, porque el despido de la **persona trabajadora accidentada**, casi dos meses después del accidente, cuando seguía de baja médica y había informado que su reincorporación no sería a corto plazo, constituye, a juicio del Juzgado, una discriminación, directa, por razón de discapacidad o, alternativamente, indirecta, dado que, a la postre y dada la larga duración de su incapacidad, su despido ha supuesto una «barrera» al impedir su recuperación y, con ella, «la participación plena y efectiva del interesado en la vida profesional en igualdad de condiciones con los demás trabajadores».

3. Ausencias como consecuencia de enfermedades atribuibles a su discapacidad

3155 **Oposición** del derogado ET art.52.d a la Dir 2000/78/CE si las ausencias de la persona trabajadora son consecuencia de enfermedades atribuibles a su discapacidad (salvo que el ET art.52.d tenga la finalidad de combatir el absentismo y no vaya más allá de lo necesario para alcanzar dicha finalidad).

3160 **Faltas de asistencia** El derogado ET art.52.d permitía a los empleadores despedir por causas objetivas a las personas trabajadoras que registraran **faltas de asistencia al trabajo**, aun justificadas pero intermitentes, que alcancen el 20% de las jornadas hábiles en 2 meses consecutivos siempre que el total de faltas de asistencia en los 12 meses anteriores alcance el 5% de las jornadas hábiles, o el 25% en 4 meses discontinuos dentro de un período de 12 meses.

A estos efectos, el ET art.52.d no computaba como falta de **asistencia intermitente** al trabajo que permitieran la extinción del contrato de trabajo, entre otras, las ausencias debidas a enfermedad o accidente no laboral si la baja era acordada por los servicios sanitarios oficiales y tenga una duración de más de 20 días consecutivos, así como las ausencias que obedezcan a un tratamiento médico de cáncer o enfermedad grave. Con dichas excepciones, el legislador pretendía mantener un equilibrio entre los intereses de la empresa y la protección y seguridad de los trabajadores, evitando que con la medida prevista en el ET art.52.d citado se produzcan situaciones injustas o efectos perversos.

De este modo, el derecho español introdujo el **despido por absentismo laboral** debido a bajas por enfermedad intermitentes de corta duración, con el fin de evitar un incremento indebido de los costes laborales empresariales (la excesiva morbilidad intermitente implicaba para las empresas la asunción de los costes directos de la ausencia laboral, los costes de la sustitución, así como la asunción del coste indirecto que suponía la singular dificultad de suplir ausencias cortas) y aumentar la productividad y la eficiencia en el trabajo.

Ausencias justificadas En la medida que muchas personas trabajadoras discapacitadas registraban **ausencias justificadas al trabajo** con motivo de su discapacidad, algunos Juzgados de lo Social plantearon cuestiones prejudiciales ante el Tribunal de Justicia de la Unión Europea, a fin de que este último analice si el ya derogado ET art.52.d podía dar lugar a una discriminación contra las personas discapacitadas en los términos previstos en la Dir 2000/78/CE. **3165**

Vinculación directa entre ausencias y condición de discapacidad **3170**

Tal fue el caso del JS núm 1 Cuenca. En dicho proceso, el trabajador (Sr. Ruiz Conejero) solicitó la **declaración de nulidad de su despido objetivo** realizado en el marco del ET art.52.d, alegando que existe una vinculación directa entre las ausencias que motivaron su despido objetivo y su condición reconocida de discapacitado (situación que no era conocida por el empleador), lo que constituiría una discriminación por razón de discapacidad. En este contexto, el JS núm 1 Cuenca suspende el procedimiento y eleva al Tribunal de Justicia de la Unión Europea, como cuestión prejudicial, si se opone la Dir 2000/78/CE a la aplicación de una norma legal nacional que permite al empresario despedir a una persona trabajadora debido a las faltas de asistencia de este al trabajo, aún justificadas pero intermitentes, incluso cuando tales ausencias sean consecuencia de **enfermedades atribuibles a la discapacidad** de dicha persona trabajadora.

El Tribunal de Justicia de la Unión Europea, en el TJUE 18-1-18 asunto C-270/16 (caso Carlos Enrique Ruiz Conejero contra Ferroser Servicios Auxiliares, S.A. y Ministerio Fiscal) llega a la conclusión de que:

1. Si bien el Sr. Ruiz Conejero tenía reconocida la **condición de discapacitado** a efectos del Derecho nacional (obesidad y limitación funcional de la columna vertebral, con una discapacidad del 37%), el hecho de que se le haya reconocido la condición de discapacitado a efectos del Derecho nacional no implica que tenga una discapacidad a efectos de la Dir 2000/78/CE.

Por tanto y a fin de determinar si la situación de «discapacidad» en la que se encuentra la persona trabajadora está incluida en el ámbito de aplicación de la Dir 2000/78/CE, el órgano nacional debe verificar si la limitación de la capacidad de la persona trabajadora se incluye en el **concepto de discapacidad de la Directiva**, entendiéndose referido a una limitación de la capacidad derivada, en particular, de dolencias física, mentales o psíquicas a largo plazo que, al interactuar con diversas barreras, puedan impedir la participación plena y efectiva de la persona de que se trate de la vida profesional en igualdad de condiciones con los demás trabajadores (TJUE 9-3-17. asunto C-406/15, caso Petya Milkova).

2. El ET art.52.d no establece una **diferencia de trato directa por motivos de discapacidad** porque se aplica de manera idéntica a las personas trabajadoras con discapacidad y a las personas trabajadoras sin discapacidad. Sin embargo, las personas trabajadoras con discapacidad están expuestas al riesgo adicional de estar de baja por una enfermedad relacionada con su discapacidad y, consecuentemente, el despido objetivo por absentismo puede desfavorecer más a los trabajadores con discapacidad respecto de los trabajadores sin discapacidad.

3. El ET art.52.d **no vulneraría** la Dir 2000/78/CE:

– si la diferencia de trato indirecta está objetivamente justificada por una finalidad legítima; y

– si los medios aplicados por la normativa nacional para la consecución de dicha finalidad son adecuados y no van más allá de lo necesario para alcanzar la finalidad prevista por el legislador español.

3173 El Tribunal de Justicia de la Unión Europea consideró que:

1. Combatir el **absentismo laboral** constituye una finalidad legítima a efectos de la Dir 2000/78/CE art.2.2.b, inciso i, al tratarse de una medida de política de empleo; y

2. Compete al órgano nacional **verificar si los datos numéricos** que recogía el ET art.52.d fueron concebidos para responder a la finalidad de combatir el absentismo laboral, sin incluir ausencias meramente puntuales y esporádicas, tomando no solo en consideración los costes directos e indirectos que han de soportar las empresas como consecuencia del absentismo laboral, sino también el riesgo que corren las personas afectadas por una discapacidad que en general encuentran más dificultades que los trabajadores sin discapacidad para reincorporarse al mercado de trabajo y tienen necesidades específicas ligadas a la protección que requiere su estado.

En todo caso, cabe precisar que, si bien la sentencia citada resulta de aplicación a las personas con discapacidad, el mismo criterio también resultaría de aplicación para aquellas personas con **enfermedades de larga duración** que merecen la misma protección contra el despido injustificado que las que tienen una diversidad funcional reconocida. Ello, en el marco de lo dispuesto por el TJUE 1-12-16 (caso Mohamed Daouidi, asunto C-395/15) previamente analizada.

En este contexto, el JS Cuenca núm 1, 7-3-19, declaró la **nulidad del despido** de la persona trabajadora por considerar que concurre una decisión empresarial aparentemente neutra –como es la utilización de un apartado normativo que posibilita el despido de un trabajador por faltas de asistencias al trabajo motivadas por enfermedades derivadas de su discapacidad reconocida– que ocasiona una situación de desventaja particular a las personas con dicha discapacidad respecto de otros laborales porque aquellas, por razón de su capacidad, soportan un riesgo mayor de sufrir bajas o ausencias en el trabajo como consecuencia de enfermedades derivadas de su discapacidad. Cabe precisar que dicha sentencia funda su declaración de nulidad del despido no tanto en la existencia de un propósito lesivo del derecho fundamental por parte del empresario (quien además, no tenía conocimiento de la condición de discapacitado del trabajador), sino en la aplicación por parte del empleador de una norma (ET art.52.d) que si bien es aparentemente neutra, ocasiona una **desventaja a los trabajadores con discapacidad** respecto de otros trabajadores en los que no concurre dicha condición por cuanto un trabajador discapacitado está expuesto al riesgo adicional de estar de baja por una enfermedad relacionada con su discapacidad y, por tanto, corre un mayor riesgo de acumular días de baja por enfermedad y, por tanto, de alcanzar los límites previstos en el ET art.52.d citado (JS Cuenca núm 1, 7-3-19).

La sentencia del JS Cuenca núm 1 fue recurrida en **recurso de suplicación**, dando lugar al TSJ Castilla-La Mancha 10-4-19, EDJ 565807, que, confirmando la sentencia de instancia, considera que: **3176**

1. El juzgado de instancia **ha valorado correctamente** el caso siguiendo los criterios indicados por la sentencia prejudicial;

2. La finalidad de combatir el absentismo y reducir los costes empresariales constituye una **finalidad legítima** a los efectos de la Dir 2000/78/CE;

3. Los medios establecidos por el ET art.52.d para conseguir la finalidad de luchar contra el absentismo laboral van más allá de lo necesario y no toman en consideración el **mayor perjuicio** que su aplicación produce en las personas con discapacidad –quienes soportan un riesgo mayor de sufrir bajas o ausencias en el trabajo como consecuencia de enfermedades derivadas de su discapacidad– entendiendo que la finalidad del ET art.52.d no justifica ni excluye la aplicación del principio de igualdad de trato de los trabajadores con discapacidad reconocido por la Dir 78/2000/CE y produce una discriminación indirecta por razón de la discapacidad; y

4. La justificación de política social y empleo de dicho precepto no puede excluir los efectos de la **discriminación indirecta** por causa de su discapacidad provocados por su aplicación pues los medios para la consecución de dicha finalidad no son los adecuados al no tomar en consideración la desventaja que su aplicación produce en las personas con discapacidad, factor de discriminación prohibido.

Con posterioridad a la derogación del ET art.52.d por L 1/2020, la Sala de lo Social en el TS 23-2-22, EDJ 518268, desestima el recurso de casación por **unificación de doctrina** interpuesto contra el TSJ Castilla-La Mancha de 10-4-19, EDJ 565807, por falta de contradicción entre la sentencia recurrida y la sentencia de contraste.

Enfermedades intermitentes Sin perjuicio de lo expuesto, resulta de interés citar el TCo 118/2019, que dio respuesta a la **cuestión de inconstitucionalidad** del ET art.52.d, planteada por el JS Barcelona núm 26. Al respecto, el juzgado citado consideró que el ET art.52.d citado podría vulnerar los derechos a la integridad física (Const art.15), al trabajo (Const art.35.1) y a la protección de la salud (Const art.43.1), en la medida en que el ET art.52.c permitía al empresario extinguir la relación laboral por **causa de absentismo** derivado de enfermedades intermitentes de corta duración de la persona trabajadora (menos de 20 días) que hayan dado lugar o no a la expedición de partes oficiales de baja médica, de modo tal que dicha disposición legal podría condicionar el comportamiento de las personas trabajadoras en perjuicio de sus derechos pues, ante el temor de perder su empleo, podían sentirse compelidos a acudir a trabajar pese a encon- **3180**

3180 (sigue) trarse enfermo, asumiendo así un sacrificio no exigible y que podría incluso complicar la evolución de su enfermedad.

Con carácter preliminar, el TCo 118/2019 señala que el ET art.52.d perseguía un **interés legítimo** también con fundamento constitucional y consistente en proteger la productividad de la empresa y la eficiencia en el trabajo (libertad de empresa reconocido en la Const art.38, atendiendo a la singular onerosidad que las bajas intermitentes y de corta duración suponen para el empleador) y con la finalidad lícita de eximir al empleador de la obligación de mantener una relación laboral que ha devenido onerosa en exceso para la empresa, por las repetidas faltas de asistencia del trabajador a su puesto.

Respecto del fondo del asunto, y a pesar de la existencia de **3 votos particulares** (que desde ya resultaba llamativo), el Tribunal Constitucional concluye que el ET art.52.d no vulnera el derecho constitucional:

a) A la **integridad física**. Para que sí lo hiciera, de la actuación empresarial, consistente en despedir a un trabajador con motivo del número de veces que en un determinado período de tiempo haya faltado al trabajo por estar aquejado de una enfermedad de corta duración, se tendría que derivar un riesgo o producirse un daño a la salud del trabajador lo que no ocurre con motivo de la aplicación del ET art.52.d que no tenía por finalidad despedir a un trabajador por el mero hecho de estar enfermo sino el absentismo laboral en determinados porcentajes.

b) A la **protección de la salud** ni tampoco el derecho de los trabajadores a la **seguridad en el trabajo**. Ello, en la medida que el artículo citado en ningún momento incide en el régimen de acceso y en el contenido de la asistencia sanitaria para las personas trabajadoras, que se presta en todo momento a través de los servicios sanitarios del sistema nacional de salud que correspondan, sino que además excluye del cómputo de porcentajes las ausencias debidas a una enfermedad o accidente no laboral de duración superior a 20 días, etc.

c) Al **trabajo**. Si bien dicho precepto contenía una limitación parcial del derecho del trabajo, en su vertiente de derecho a la continuidad o estabilidad en el empleo, dicha limitación se encuentra justificada por la Const art.38, que reconoce la libertad de empresa y encomienda a los poderes públicos la garantía y protección de su ejercicio, así como la defensa de la productividad.

d) El OIT Convenio 158 22-6-1982 art.6.1 (ratificado por España), conforme al cual la ausencia del trabajo por motivo de enfermedad o lesión **no debe constituir una causa justificada** de terminación de la relación laboral. Ello porque:

– dicho precepto admite excepciones en los términos previstos en el art.6; y

– conforme con el OIT Convenio 158 art.4, cabe poner **término al contrato de trabajo** cuando exista causa justificada para ello, relacionada con la capacidad o la conducta del trabajador o basada en las necesidades de funcionamiento de la empresa, entre las cuales se incluye la defensa de la productividad que puede verse comprometida por el incremento de costes directos e indirectos que han de soportar las empresas como consecuencia del absentismo laboral.

En este sentido, mientras que el TCo 118/2019, dictaminó que el ET art.52.d **no era contrario a la Constitución**, porque no vulneraba ni el derecho a la integridad física (Const art.15) ni el derecho al trabajo (Const art.35.1), ni el derecho a la protección de la salud (Const art.43.1); el TJUE 18-1-18, asunto Ruiz Conejero, advierte del **carácter discriminatorio** del precepto español entendiendo, no obstante, que si el ordenamiento admite mecanismos de control de proporcionalidad y adecuación de la medida, cabría admitir su acomodación a la Dir 2000/78/CE. Fue precisamente este cruce de posturas entre el máximo Tribunal nacional y el Tribunal comunitario lo que sirvió de base para que, preponderando los argumentos contenidos en el TJUE 18-1-18 –caso Ruiz Conejero–, la L 1/2020, derogue el ET art.52.d.

Estado de salud y discriminación por discapacidad El Tribunal de Justicia de la Unión Europea volvió de nuevo a establecer que el despido al que se llegara como consecuencia de una situación de **bajas médicas reiteradas** podía ser constitutivo de discriminación por razón de discapacidad, argumentando que el estado de salud de un trabajador reconocido como especialmente sensible a los riesgos derivados del trabajo, en el sentido del Derecho nacional, que no permite al trabajador desempeñar determinados puestos de trabajo al suponer un riesgo para su propia salud o para otras personas, solo está comprendido en el concepto de «discapacidad», en el sentido de la Dir 2000/78/CE, en caso de que ese estado de salud implique una limitación de la capacidad derivada, en particular, de dolencias físicas, mentales o psíquicas a largo plazo que, al interactuar con diversas barreras, pueden impedir la participación plena y efectiva de la persona de que se trate en la vida profesional en igualdad de condiciones con los demás trabajadores (TJUE 11-9-19, asunto Nobel Plastiques Ibérica). Adicionalmente, el Tribunal Comunitario establece que el empresario está obligado a realizar **ajustes razonables** en el puesto de trabajo antes de proceder al despido de la persona con discapacidad derivado, entre otros factores, de sus faltas de asistencia al trabajo (nº 3285). 3185

PRECISIONES Sin perjuicio de lo expuesto, cabe precisar que la derogación del ET art.52.d **preparó el terreno** para que la L 15/2022 tipifique como factor discriminatorio la enfermedad o condición de salud.

C. Novedades legales en relación con la enfermedad o estado de salud en la relación laboral

La L 15/2022 **garantiza el derecho** a la igualdad de trato y no discriminación en el empleo por cuenta ajena y en el empleo por cuenta propia (L 15/2022 art.3, 9 y 11). 3195

Con relación al **empleo por cuenta ajena**, la L 15/2022 art.9 señala que no pueden establecerse limitaciones, segregaciones o exclusiones por razón de las causas de discriminación previstas en dicha ley para el acceso al empleo por cuenta ajena, público o privado, incluidos los criterios de selección, en la formación para el empleo, en la promoción profesional, en la retribución, en la jornada y demás condiciones de trabajo, así como en la suspensión, el despido u otras causas de extinción del contrato de trabajo.

Asimismo, y de conformidad con lo dispuesto en la L 15/2022 art.2.2, 2.3 y 4.2:

– los **criterios** que pueden **justificar** la diferencia de trato del empleador deben ser razonables y objetivos con el fin de lograr un propósito legítimo o porque así venga autorizado por norma con rango de ley –de este modo, el legislador ha establecido una especie de test de proporcionalidad para que la diferencia de trato no sea discriminatoria: justificación objetiva por una finalidad legítima y como medio adecuado, necesario y proporcionado para alcanzarla;

– la **enfermedad** no puede amparar diferencias de trato distintas de las que deriven del propio proceso de tratamiento de la enfermedad, de las limitaciones objetivas que imponga la enfermedad para el ejercicio de determinadas actividades o por limitaciones exigidas por razones de salud pública; y

– también puede **justificarse la diferencia de trato** si la misma resulta de disposiciones normativas o decisiones generales de las administraciones públicas destinadas a proteger a este colectivo de personas trabajadoras para mejorar sus condiciones de vida o favorecer su incorporación al trabajo y garantizar el ejercicio de sus derechos y libertades en condiciones de igualdad.

A continuación se analizan las **novedades legales más importantes** que ha introducido al derecho español la Ley 15/2022, desde la perspectiva de la enfermedad o condición de salud como causa de discriminación autónoma, y se comentan los principales pronunciamientos judiciales dictados tras la entrada en vigor de la Ley 15/2022.

I. Reconocimiento expreso de la enfermedad o condición de salud como factor de discriminación

3205 Diferencias de trato permitidas por ley.

a. La enfermedad o condición de salud como causa autónoma de discriminación

3215 Una de las novedades más importantes de la L 15/2022 es la incorporación en nuestro ordenamiento jurídico de **nuevas causas de discriminación** no previstas en la Const art.14. Así, se incorporan expresamente como nuevas causas autónomas de discriminación la enfermedad o condición de salud, el estado serológico y la predisposición genética a sufrir patologías y trastornos, como causa de discriminación. En este sentido, se **reconoce el derecho** de toda persona a la igualdad de trato y no discriminación con independencia de su nacionalidad, de si son menores o mayores de edad o de si disfrutan o no de residencia legal, estableciendo que nadie puede ser discriminado por razón de enfermedad o condición de salud.

a) Cabe precisar que: La **condición de salud** es el género, es el concepto más amplio que incluye la enfermedad. En concreto, en el preámbulo de la Constitución de la Organización Mundial de la Salud, que fue adoptada por la Conferencia Sanitaria Internacional firmada el 22 de julio de 1946 por los representantes de 61 Estados, incluido España, se define a la salud como el estado completo de bienestar físico, mental y social, y no solamente la ausencia de afecciones o enfermedades.

Asimismo, la **Organización Mundial de la Salud define** enfermedad como alteración o desviación del estado fisiológico en una o varias partes del acuerdo, por causas en general conocidas, manifestada por síntomas y signos característicos, y cuya evaluación es más o menos previsible. En el mismo sentido, la Real Academia Española define a la enfermedad como alteración más o menos grave de la salud.

Respecto del **estado serológico**, este se refiere a la presencia o ausencia de un marcador serológico en la sangre, tanto de una persona como de un animal. La presencia de un marcador concreto a niveles detectables en el suero se denomina seronegatividad (seronegativo). Estos marcadores pueden ser tanto anticuerpos como proteínas similares a estos que se encuentran asociadas a una infección causada por un microorganismo, a otras proteínas extrañas (en respuesta, por ejemplo, a una reacción hemolítica aguda), o contra proteínas propias (como en las enfermedades autoinmunes) y/o predisposición genética a sufrir patologías y trastornos[1]. **3215** (sigue)

b) La enfermedad o condición de salud no necesariamente debe referirse a la persona trabajadora, sino que **puede referirse a otras personas vinculadas** a la persona trabajadora o incluso por error en función de las distintas causas de discriminación recogidos en la L 15/2022.

c) Tras la publicación de distintas sentencias de **tribunales nacionales y comunitarios** con anterioridad a la entrada en vigor de la L 15/2022, quedaba claro que tanto la discapacidad como la enfermedad de larga duración eran factores de discriminación amparados en la cláusula genérica antidiscriminatoria de «cualquier otra condición o circunstancia social o personal» de la Const art.14. Sin embargo, la L 15/2022 reconoce como factor autónomo de discriminación la enfermedad en un sentido amplio, de modo tal que, con la nueva normativa, el despido de un trabajador en situación de baja médica (incapacidad laboral transitoria) también podría reputarse discriminatorio. En todo caso, la sola situación de incapacidad temporal no tiene por qué generar la declaración de nulidad del trabajador en incapacidad temporal.

En este sentido ya se ha pronunciado la Sala de lo Social del TSJ de Galicia, al señalar que no cabe duda de que la L 15/2022 incorpora la enfermedad como una situación de discriminación, lo cual supone un cambio sustancial en la protección de los trabajadores afectos de una baja por incapacidad temporal, de modo que cabría deducir que toda conducta empresarial que implique una discriminación por razón de la enfermedad podría determinar la nulidad de la misma (TSJ Galicia 8-6-23, EDJ 628413).

Sin perjuicio de lo expuesto, también podría haber discriminación por enfermedad cuando no exista un proceso de **incapacidad laboral transitoria**.

d) La inclusión en la legislación del nuevo factor de discriminación es **perfectamente compatible** con la regulación incluida en la Const art.14, que no establece una tipificación cerrada de causas de discriminación al prever también como factor de discriminación «cualquier otra condición o circunstancia personal o social». En este sentido se ha pronunciado el TCo 37/2004, 638/2011, 78/2012, 41/ 2015 y 3/2018.

e) La L 15/2022 no incluye explícitamente la discapacidad como causa de discriminación. Sin embargo, la discapacidad no solo viene reconocida como factor de discriminación en el ET art.4.2.c, sino que además se incluye en la **causa genérica de discriminación** «cualquier otra condición o circunstancia personal o social» que prevé la Const art.14, y tal y como así lo vienen entendiendo nuestros Tribunales de Justicia. En este sentido, destacan las sentencias del TCo 269/1994, 10/2014 y 3/2018, en virtud de las cuales el Tribunal Constitucional ha reconocido que el padecimiento de una discapacidad constituye una circunstancia personal a la que protege la Const art.14 contra cualquier forma de discriminación, indicando que no siendo cerrado el elenco de factores diferenciales enunciando

[1] En torno al Estatuto de los Trabajadores: Un homenaje a D. Juan Antonio Sagardoy. La discriminación en las relaciones laborales. María Luisa Segoviano Astaburuaga.

en la Const art.14, es claro que la minusvalía física, sensorial o psíquica puede constituir una causa real de discriminación.

b. Test de aplicación

3225 En casos de enfermedad para determinar si el acto empresarial ha tenido como móvil la misma y es discriminatorio se debe recurrir al test de aplicación correspondiente.

Si bien la nueva regulación tiene por objeto garantizar que **nadie puede ser discriminado** por razón de enfermedad o condición de salud, no toda diferencia de trato es discriminatoria.

El test de aplicación en casos de enfermedad, para determinar si una conducta, acto, criterio o práctica empresarial ha tenido como móvil la misma y, por tanto, pueda calificarse de discriminatoria, exige la concurrencia de los **tres requisitos** siguientes:

3230 **Comprobación de enfermedad o condición de salud previa al despido** Comprobar si existe una enfermedad de la persona trabajadora **previa al despido**.

a) Debe concurrir la situación de la L 15/2022 art.2.1, es decir, que se tiene que **acreditar** que la persona trabajadora tiene una enfermedad o tiene una condición de salud susceptible de protección. Remitiéndonos a estos efectos a la definición de enfermedad de la OMS indicada en el apartado anterior.

b) No cabe la mera enfermedad ni cualquier enfermedad como categoría de discriminación per se, sino solo cuando la enfermedad produce **segregación o estigmatización**, exigencia que devuelve la categoría a los cauces propios de la discriminación, porque entonces sí cabe predicar de ella la identificación de un grupo concreto entre el común género humano (quienes padecen dicha enfermedad) y la marginación como nota histórica que produce esa enfermedad en tanto que estigmatiza y segrega, es decir, aparta a quien la padece.

PRECISIONES En este sentido se pronuncia el TSJ Galicia 25 de octubre de 2023, que **delimita la enfermedad** como categoría de discriminación (y por extensión, de la condición de salud, estado serológico o predisposición genética a sufrir patologías o trastornos que la L 15/2022 introduce con ella) y sostiene que ni la mera enfermedad ni cualquier enfermedad suponen un factor de discriminación per se sino solo cuando la enfermedad produce segregación o estigmatización y, para ello, señala que «caben tres supuestos para establecer una base discriminatoria en un despido por enfermedad (Beltrán de Heredia):

a) enfermedad asimilable a discapacidad por su carácter duradero,

b) causas segregadoras y

c) presiones empresariales contra la protección de la salud mediante el sistema de Seguridad Social (bajas por incapacidad temporal), siendo en efecto en este último caso, como evidencia el supuesto de la Sentencia del Tribunal Supremo de 31 de enero de 2011, la vulneración del artículo 15 de la Constitución Española la que cabe apreciar» (TSJ Galicia 25-10-2023, EDJ 740680).

3233 Asimismo, resultaría necesario que el **empleador conociera** de la enfermedad o condición de salud de la persona trabajadora. En este sentido destacan:

a) El TSJ Galicia señala que la apreciación de discriminación directa en los despidos por razón de enfermedad o condición de salud requiere, para que pueda tener lugar la **inversión de la carga probatoria**, como indicio fundamental a cargo del demandante, el conocimiento empresarial de la circunstancia de enfermedad concurrente. Lo cual usualmente se cumple con la comunicación de la baja médica, cuando conste notificada a la empresa. Todo ello sin que en ningún caso sea exigible, para que se active la tutela antidiscriminatoria, el conocimiento por la empresa del concreto diagnóstico, lo cual sería contrario, entre otros preceptos, a la Const art.18.4, en tanto en él tiene anclaje el derecho fundamental a la protección de datos personales (TSJ Galicia 19-10-2023, EDJ 728323).

b) El TSJ Castilla y León, Valladolid, sostiene que más allá de no resultar acreditada la causa de despido –y por ello su calificación como improcedente– no concurre circunstancia alguna que permita establecer ese panorama indiciario de discriminación, pues la empresa desconocía las **visitas a urgencias** de la persona trabajadora y, en todo caso, el parte de baja se comunicó en fecha posterior al despido, constando además como una baja de corta duración y sin que conste que obedece a una causa especialmente grave que pudiera llevar a una actuación de esa índole al empresario (TSJ Castilla y León, Valladolid 19-6-23, EDJ 644447).

Adicionalmente, cabe precisar que la enfermedad o condición de salud no necesariamente debe referirse a la persona trabajadora, sino que puede **referirse a otras personas** vinculadas a la persona trabajadora o incluso por error en función de las distintas causas de discriminación recogidos en la L 15/2022.

Determinación del panorama indiciario de discriminación Determinar si existe un panorama indiciario de que el **móvil del despido** ha sido la enfermedad: conexión causal entre la enfermedad y la decisión empresarial. 3240

Tiene que existir una **conexión causal** entre la enfermedad o condición de salud y la decisión empresarial. Así, no se trata de un supuesto de tutela objetiva y automática como el caso de las personas trabajadoras embarazadas (en este último caso, basta la prueba del embarazo por la trabajadora, debiendo entonces probar el empresario una causa objetiva y razonable para el cese, prueba que de producirse comporta declaración de procedencia o de licitud del desistimiento, en caso contrario, la nulidad es la consecuencia).

A estos efectos, la persona trabajadora que considere que sus derechos a la igualdad y no discriminación han sido lesionados por su empleador debe aportar **indicios fundados de discriminación** sin que la L 15/2022 cambie las reglas de la carga probatoria existentes con anterioridad a su entrada en vigor (incluidas las referencias a la LRJS art.96.1, que establece que en aquellos procesos en que las alegaciones de la parte actora se deduzca la existencia de indicios fundados de discriminación por razón de cualquier supuesto de vulneración de un derecho fundamental o libertad pública, corresponderá al demandado la aportación de una justificación objetiva y razonable, suficientemente probada, de las medidas adoptadas y de su proporcionalidad).

En este sentido, y de conformidad con la doctrina constitucional, no basta simplemente con que el trabajador afirme su carácter discriminatorio (TCo 266/1993), sino que ha de acreditar la existencia de indicios que generen una razonable **sospecha, apariencia o presunción** en favor de semejante afirmación, siendo necesario que por parte del actor se aporte una «prueba verosímil» (TCo 207/2001), o «principio de prueba» (por todas, TCo 308/2000, 41/2002 y 188/2004).

En concreto, la L 15/2022 art.30.1 señala que, de acuerdo con lo previsto en las leyes procesales y reguladoras de los procedimientos administrativos, cuando la parte actora o el interesado alegue discriminación y aporte indicios fundados sobre su existencia, corresponde a la parte demandada o a quien se impute la situación discriminatoria la aportación de una **justificación objetiva y razonable**, suficientemente probada, de las medidas adoptadas y su proporcionalidad.

Entre dichos indicios **se podría alegar** el conocimiento del empresario de la enfermedad o afección del estado de salud de la persona trabajadora, la inmediatez y carácter reactivo de la decisión empresarial cuando conoce la situación de enfermedad, la repercusión de la enfermedad en la persona trabajadora y actividad de la empresa así como el impacto en otros trabajadores, retrasos o cuestionamientos injustificados en la adaptación de ajustes razonables, la dimensión temporal o duración de la baja médica, la coincidencia temporal entre la incapacidad temporal transitoria y la decisión empresarial, la existencia de otras situaciones incapacitantes para el trabajo, el hecho de que otros trabajadores en situación de incapacidad laboral hayan sido previamente despedidos, etc.

3245 **Sentencias relacionadas a los indicios** Resulta de interés citar:

a) El TCo 104/87, 21/1992, 14/1993, 16/2006, 17/2007 y 125/2008, que sostienen que procede la declaración de nulidad cuando el trabajador aporta indicios suficientes para poder sospechar que el despido producido tiene su originen en el **ejercicio de un derecho constitucional**, y la empresa no destruye la conclusión que derivaría de aquellos indicios mediante la aportación de argumentos y pruebas demostrativos de que fue otra la razón determinante de aquella decisión

En el mismo sentido, el TS 25-2-08, EDJ 82895, hace referencia a la **doble articulación de la prueba indiciaria** para establecer el móvil de la lesión del tratamiento peyorativo, de forma que la persona trabajadora que alega el móvil discriminatorio debe aportar un indicio razonable de que el acto empresarial lesiona su derecho fundamental y que obviamente no puede consistir en la mera alegación de la vulneración constitucional, sino que debe permitir deducir la posibilidad de que aquella se haya producido. De esta forma, una vez cubierto este primer e inexcusable presupuesto, puede hacerse recaer sobre la parte demandada la carga de probar que su actuación tiene causas reales absolutamente extrañas a la pretendida vulneración de derechos fundamentales, así como que aquellas tuvieron entidad suficiente como para adoptar la decisión, único medio de destruir la apariencia lesiva creada por los indicios (TS 25-2-08, EDJ 82895).

b) El TSJ Castilla y León analiza el caso de una persona trabajadora que causó baja por **incapacidad temporal** en marzo de 2022 y fue despedido por causas disciplinarias en agosto de 2022. Con relación a los indicios, la Sala considera que no se ha aportado ningún indicio que provoque la inversión de la carga probatoria hacia el empresario, a fin de que justifique la decisión empresarial que se considera discriminatoria. En este sentido considera que el simple hecho de despedir a un empleador porque aquel estaba en situación de incapacidad temporal **no predica la nulidad automáticamente**, y las simples alegaciones de este no constituyen indicio alguno, a saber: la correlación de las fechas en que sucedieron los hechos no son acreditativos de la misma pues la baja médica se inició calificada como de corta duración, sin que por otro lado se constate que aquel hubiese estado en otras situaciones incapacitantes para el trabajo, ni tampoco en último término, se ha probado que los resultados de la exploración por los servicios médicos de la Mutua aseguradora fueran conocidos por la empresa (TSJ Castilla y León 17-7-23, EDJ 654113).

c) El TSJ Madrid, analiza la extinción de un contrato de trabajo por **expiración de la fecha** acordada cuando, días antes a dicha extinción la persona trabajadora inició una baja médica de 24 días de duración. El Tribunal considera que en los supuestos en que un contrato temporal se extingue al llegar la fecha predeterminada y conocida de su finalización, a priori no existe un panorama indiciario de discriminación, puesto que la extinción aparece *prima facie* debida a la propia finalización pactada del contrato y ello, aunque se pueda llegar a determinar que la temporalidad del contrato no era correcta y por ello el despido pueda ser declarado procedente. En todo caso, ello no significa que no pueda construirse la presunción a partir del panorama indiciario de **represalia o de discriminación**, pero para ello tienen que concurrir elementos fácticos de cierta relevancia que permitan asentar, como hipótesis probable, que el empresario iba a adoptar otra decisión (la prórroga del contrato o su conversión en indefinido) y no lo hizo porque apareció una circunstancias que cambió su criterio, de manera que ese cambio de criterio quede vinculado probabilísticamente a una represalia, discriminación o conducta contraria a un derecho fundamental (TSJ Madrid 10-5-23, EDJ 583548). En el mismo sentido, TSJ Madrid 7-6-23, EDJ 629999.

d) En la misma línea, TSJ Castilla y León, Burgos 20-7-23, EDJ 661068; TSJ Castilla La Mancha 6-7-23, EDJ 645613; TSJ Madrid 30-6-23, EDJ 639307 y TSJ Asturias 23-5-23, EDJ 591495.

Justificación del empresario En caso afirmativo, determinar si el empresario ha aportado una justificación **objetiva y razonable** que excluya la causa discriminatoria. De no aportarla, el acto se considera discriminatorio. **3250**

De conformidad con la doctrina constitucional, quien invoca la regla de **inversión de la carga de la prueba** debe desarrollar una actividad alegatoria suficientemente precisa y concreta en torno a los indicios de la existencia de discriminación y, alcanzado, en su caso, el anterior resultado probatorio, sobre la parte demandada recae la carga de probar la existencia de causas suficientes, reales y serias para calificar de razonable y ajena a todo propósito lesivo del derecho fundamental la decisión o práctica empresarial cuestionada, único medio de destruir la apariencia lesiva creada por los indicios. No se impone al empleador, por tanto, la **prueba diabólica** de un hecho negativo –la no discriminación–, sino la razonabilidad y proporcionalidad de la medida adoptada y su carácter absolutamente ajeno a todo propósito atentatorio de derechos fundamentales en lo que constituye una auténtica carga probatoria y no un mero intento de negar la vulneración de derechos fundamentales, lo que claramente dejaría inoperante la finalidad de la prueba indiciaria (TCo 183/2007, 257/2007, 74/2008, 125/2008 y 92/2009).

Así, y de conformidad con la L 15/2022 art.30, el empleador debe aportar una **justificación razonable y objetiva** que le permita desvirtuar el panorama indiciario. Si no desvirtúa los indicios, se sanciona la actuación empresarial con la nulidad (nº 3300); si se desvirtúan los indicios, la actuación empresarial puede ser válida o inválida.

Dicha regulación coincide con las reglas previstas en el **ámbito laboral**. En concreto, con la LRJS art.177.1 y 181 (en relación con el procedimiento de tutela de los derechos fundamentales y libertades públicas, establece que una vez justificada la concurrencia de indicios de que se ha producido violación del derecho fundamental o libertad pública, corresponde al demandado la aportación de una

justificación objetiva y razonable, suficientemente probada, de las medidas adoptadas y de su proporcionalidad) y con las que se disponen genéricamente para el proceso laboral en la LRJS art.96.1 (en aquellos procesos en que de las alegaciones de la parte actora se deduzca la existencia de indicios fundados de discriminación por cualquier vulneración de un derecho fundamental o libertad pública, corresponderá al demandado la aportación de una justificación objetiva y razonable, suficientemente probada, de las medidas adoptadas y de su proporcionalidad). Al respecto, destacan las siguientes sentencias:

3255 **TSJ Burgos 15-6-23** Aplicando el régimen de **inversión de la carga de la prueba** que establece la L 15/2022 art.30, determina que con la aportación de indicios por parte de la persona trabajadora, es la empresa la que tiene que probar que el despido no lo ha sido por causa de la **enfermedad o condición de salud**, o que concurren una justificación objetiva y razonable, suficientemente probada, de la medida que ha adoptado y de su proporcionalidad. Al respecto, considera que el empleador ha aportado una justificación objetiva y razonable de la medida, al acreditar las ausencias injustificadas al trabajo durante los días que se imputan en la carta de despido disciplinario y que, además, revisten gravedad y culpabilidad suficientes como para dar lugar a la declaración de procedencia del despido (TSJ Burgos 15-6-23, EDJ 635409).

3260 **TSJ Extremadura 19-10-23** Razona que si bien la persona trabajadora cumplió con aportar correctamente indicios (es despedido cuando su último parte de confirmación de baja médica, conocido por la empresa, modifica la duración estimada de la baja de corta a media), la empresa no aportó ninguna justificación objetiva y razonable, suficientemente probada, de la medida que ha adoptado y de su proporcionalidad, limitándose el empleador a **reconocer la improcedencia del despido** en el acto de juicio sin ofrecer causa alguna que sustentara la decisión extintiva. Razona, con cita en las sentencias del TSJ Castilla León, Burgos, 20-723, EDJ 661068; TSJ Castilla-La Mancha 6-7-23. EDJ 650426; Madrid 30-6-23, EDJ 652598 o Asturias, 23-5-23, EDJ 591495), que los hechos alegados por la persona trabajadora constituyen indicio suficiente cuando, como es el caso, no concurre causa alguna que fundamente el despido que no sea la propia situación de enfermedad de la persona trabajadora, lo que determina la inversión de la carga de la prueba que recae sobre la empresa, que en modo alguno ha probado ni tan siquiera se alegó (ni en sede de instancia ni en sede de recurso) la existencia de una justificación objetiva y razonable de su decisión y ajena a todo móvil discriminatorio (TSJ Extremadura 19-10-23, EDJ 730224).

3265 **TSJ País Vasco 18-5-23** En virtud de la cual se argumenta que el hecho del despido unido a un relato suficiente de hechos (**maltrato verbal y agresión física** a compañera de trabajo, suficientemente probada, y una decisión sancionadora razonable y en principio proporcional), que desvirtúan la duda razonable sobre que la causa para despedir lo sea las diversas situaciones de incapacidad temporal de la recurrente, lleva a la conclusión de que el empleador ha cumplido con aportar una justificación objetiva y razonable que excluye la causa discriminatoria (TSJ País Vasco 18-5-23, EDJ 609166).

3270 **TSJ Las Palmas 27-7-23** Donde la empresa alega como **contraindicios** el hecho de que el trabajador fue contratado como vigilante cuando ya tenía declarado el grado de incapacidad permanente total para la que fuera su profesión habitual de albañil por limitaciones funcionales derivadas de la patología afectante a la columna lumbar. Sin embargo, el tribunal considera que aunque la incapacidad permanente total del trabajador no impidió su contratación como vigilante el 9 de septiembre de 2021 bajo la modalidad temporal eventual por circunstancias de la producción, el hecho de que su contrato fuera objeto de una primera prórroga desde el 1 de febrero hasta el 8 de septiembre de 2022 y que iniciado el proceso de incapacidad temporal el 20 de junio de 2022 el trabajador fuera despedido de forma disciplinaria el 14 de julio de 2022 son indicios razonables. Destaca el hecho de que la empresa reconoció que el motivo disciplinario indicado en la carta no es real porque la verdadera causa del despido era que el puesto de trabajo ya no era necesario, tras la propuesta de la Inspección de Trabajo de transformar el contrato temporal en indefinido. El Tribunal concluye que es la **baja médica**, en el curso de la prórroga, la que motiva la extinción, pues ninguna justificación objetiva y razonable ofreció el empleador al efecto, pretendiendo identificar la propuesta transformación del contrato procedente de la Inspección de Trabajo con la objetividad y razonabilidad de la extinción, careciendo de toda lógica tal pretendida equiparación al no compadecerse con la anticipada extinción, resultando paradójico que el desvalor económico de la persistencia del contrato se pusiera de manifiesto después de ser prorrogado e inmediatamente después de manifestarse la enfermedad del trabajador. En el mismo sentido, TSJ Madrid 10-5-23, EDJ 583834 y Asturias 23-5-23, EDJ 591495.

JS Badajoz 2-6-23 Que concluye que habiendo el trabajador cumplido con su carga indiciaria y no habiendo acreditado la empresa justificación objetiva y razonable de su decisión, el indicio se eleva a la categoría de **certeza procesal**. Al respecto considera que si bien la persona trabajadora ha alegado correctamente los indicios (no consta acreditada advertencia empresarial alguna al actor sobre un inadmisible modo de realizar su trabajo y destinada a su necesaria corrección, además del relevante hito temporal de que el despido se produce el 11° día de encontrarse el trabajador en situación de baja por incapacidad temporal y conocerla el empleador), la justificación empresarial para respaldar su conducta (el acto era un mal friegaplatos y, por tanto, su trabajo no era de interés para la empresa) y despejar así toda duda sobre la sospecha de **discriminación del trabajador** por su enfermedad motivante de incapacidad temporal no ha quedado acreditada, habiendo presentado el empleador únicamente un testigo que no fue convincente para el Juzgador, por lo que al no existir justificación objetiva y razonable, el indicio se eleva a la categoría de certeza procesal (JS Badajoz núm 5 2-6-23, EDJ 736230). 3275

2. Acceso al empleo y condiciones de trabajo

Es importante considerar los **efectos** que la prohibición de no discriminar por razón de enfermedad o condición de salud puede generar en la gestión empresarial. Especialmente en relación con el acceso al empleo, el período de prueba, el desarrollo de la relación laboral y condiciones de trabajo (n° 3295), sobre denegación de ajustes razonables), y el despido (n° 3330). 3285

Con relación al **acceso de empleo**, cabe precisar que si bien la L 15/2022 art.9.5 prohíbe al empleador preguntar sobre las condiciones de salud del aspirante al puesto de trabajo, ello no afecta la vigencia y validez de la LGSS art.243 –que impone la obligación empresarial de practicar reconocimientos médicos para los puestos de trabajo con riesgos de enfermedades profesionales y prohíbe la con-

3285 (sigue) tratación de los trabajadores que en el reconocimiento médico no hayan sido calificados de aptos–, más aún cuando de conformidad con la LGSS art.244.2, el incumplimiento empresarial de la obligación de efectuar dichos reconocimientos médicos hace al empleador responsable directo de todas las prestaciones que puedan derivase en los casos de enfermedad profesional.

Asimismo, tampoco resultaría transgresor del derecho a la no discriminación no contratar a una persona cuyo reconocimiento médico tuvo como **resultado no apto**, teniendo en cuenta la prohibición legal de contratar a trabajadores no aptos, el hecho de que no se le contrata por falta de aptitud (no por enfermedad) y el hecho de que la L 15/2022 art.2.3 establezca que la enfermedad no puede amparar diferencias de trato distintas, entre otras, las de las limitaciones objetivas que imponga para el ejercicio de determinadas actividades. El mismo criterio resultaría de aplicación en los supuestos en que se realicen los reconocimientos médicos voluntarias que prevé la LPRL art.22.

Por otro lado, la enfermedad durante el **período de prueba** no conlleva automáticamente a que se considere vulnerado el derecho a la no discriminación de la persona trabajadora por razón de enfermedad o condición de salud. En este sentido se ha pronunciado la Sala de lo Social del TSJ Madrid. En dicha sentencia el Tribunal analiza la extinción del contrato de una persona trabajadora por no superación del período de prueba y que estuvo de **baja por incapacidad temporal 3 días**. El Tribunal considera que aunque se pueda considerar que el mero hecho de estar en situación de incapacidad temporal tres días supone la existencia de una enfermedad por parte de la persona trabajadora (lo que el Tribunal considera dudoso) y así un **indicio de discriminación** que obligara a la empresa a acreditar que su actuación al extinguir el contrato de trabajo de la actora por no superación del periodo de prueba, vino motivada por razones ajenas a todo propósito vulnerador de sus derechos fundamentales, el mismo queda desvirtuado desde el momento en que consta que:

– la empresa tiene a otros tres trabajadores en la misma situación que la actora (períodos cortos de incapacidad temporal durante su período de prueba) que siguen prestando servicios tras finalizar su período de prueba y que además existe en este caso una causa objetiva para dar por finalizado el contrato de la actora en período de prueba; y

– ha quedado acreditado que cuando la empresa toma la decisión de cesar a la actora, la misma no ha iniciado una situación de incapacidad temporal ni consta que estuviera enferma, y ni tan siquiera consta que en la fecha de extinción de la relación laboral la empresa conociera que la actora había iniciado una situación de incapacidad temporal (TSJ Madrid 17-7-23, EDJ 657761).

Asimismo, el TSJ Valladolid (el despido se produce tras la entrada en vigor de la L 15/2022), el Tribunal concluye que habiéndose declarado como hecho probado que no hay constancia de que la empresa conociese la baja médica al **no haberse acreditado** la entrega del parte de baja, no se ha creado indicio alguno de que la enfermedad haya influido en la decisión empresarial. Negada pues la discriminación, de lo único que hay constancia es de una baja en período de prueba, cuya resolución contractual a priori es libre sin que el hecho de que se haga constar comunicación por despido tenga trascendencia alguna al quedar en el cuerpo del escrito claramente que se comunicaba una extinción por no superación del período de prueba (TSJ Valladolid 18-9-23, EDJ 700244).

3. La denegación de ajustes razonables

Vulneración del derecho a la igualdad y a la no discriminación 3295

Distinción innecesaria entre los colectivos de trabajadores discapacitados y trabajadores con enfermedad o condición de salud susceptible de protección.

Mientras que la L 15/2022 art.4.1 señala que se considera **vulneración del derecho a la igualdad** la denegación de ajustes razonables, la L 15/2022 art.6.1.a considera vulnerado el derecho a la no discriminación (en su vertiente de discriminación directa) la denegación de ajustes razonables a las personas con discapacidad.

El hecho de que la L 15/2022 art.6.1.a califique de **discriminación directa** la denegación de ajustes razonables únicamente en el supuesto de las personas con discapacidad, podría plantear la duda de si los ajustes razonables solo caben para las personas con discapacidad. Sin embargo, no compartimos dicha duda y consideramos que los ajustes razonables deben implementarse tanto en los supuestos de personas discapacitadas como personas con enfermedad o estado de salud susceptible de protección. Asimismo, entendemos que de la L 15/2022 art.6.1.a no se puede entender que las personas con enfermedad o condición de salud susceptible de protección no puedan ser discriminadas (y únicamente puedan ser susceptibles de una vulneración de su derecho a la igualdad) por la denegación de ajustes razonables requeridos en función de la enfermedad o condición de salud. Más aún cuando la **evolución jurisprudencial** comunitaria y nacional ha hecho extensiva la discapacidad a situaciones de enfermedad de larga duración, y cuando el legislador nacional ha introducido como factor de discriminación la enfermedad sin distinguir entre enfermedad de larga, media o corta duración ni establecer que la enfermedad tenga una determinada intensidad o gravedad.

Definición de ajustes razonables Si bien la L 15/2022 art.6, aplicable a las **personas discapacitadas**, define los ajustes razonables para las personas trabajadoras discapacitadas –estableciendo que se entiende por ajustes razonables las modificaciones y adaptaciones necesarias y adecuadas del ambiente físico, social y actitudinal que no impongan una carga desproporcionada o indebida, cuando se requieran en un caso particular de manera eficaz y práctica, para facilitar la accesibilidad y la participación y garantizar a las personas con discapacidad el goce o ejercicio, en igualdad de condiciones con las demás, de todos los derechos–, consideramos plenamente aplicable dicha definición a los ajustes razonables que puedan requerir las **personas trabajadoras no discapacitadas** pero con una enfermedad o condición de salud susceptible de protección en función del tratamiento de la misma o de las limitaciones objetivas que imponga la enfermedad para el ejercicio de las actividades laborales. 3300

A estos efectos, la definición de «ajustes razonables» incluida en la L 15/2022 art.6 de la nueva normativa nacional acoge el criterio del TJUE 15-7-21 (Tartu Vangla vs. Jutiitsminister, Tervies-ja tööminister, Õiguskantsler, asunto C-795/19) aplicable tanto a las personas discapacitadas como a las personas con **enfermedad de larga duración**, lo que habilita el uso de la definición de ajustes razonables de la L 15/2022 art.6 también para las personas con enfermedad o condición de salud susceptible de protección.

En todo caso, resulta de interés citar la LPRL art.25, que establece que:

– el empresario debe **garantizar de manera específica** la protección de los trabajadores que, por sus propias características personales o estado biológico conocido, incluidos aquellos que tengan reconocida la situación de discapacidad física, psíquica o sensorial, sean especialmente sensibles a los riesgos derivados del trabajo –a tal fin, debe tener en cuenta dichos aspectos en las evaluaciones de los riesgos y, en función de estas, adoptar las medidas preventivas y de protección necesarias; y

– los trabajadores no deben ser empleados en aquellos puestos de trabajo en los que, a causa de sus características personales, estado biológico o por su discapacidad física, psíquica o sensorial debidamente reconocida, puedan ellos, los demás trabajadores u otras personas relacionadas con la empresa ponerse en **situación de peligro** o, en general, cuando se encuentren manifiestamente en estados o situaciones transitorias que no respondan a las exigencias psicofísicas de los respectivos puestos de trabajo.

En este contexto, consideramos que la clave para no incurrir en la vulneración del derecho a la igualdad y no discriminación se encuentra en la «**razonabilidad**» de los ajustes requeridos en función de la enfermedad, condición de salud o discapacidad de la persona trabajadora. Así, el empleador tiene que adoptar todas las medidas necesarias para que la persona trabajadora –discapacitada o con enfermedad o condición de salud susceptible de protección–, pueda continuar prestando sus servicios laborales siempre que dichos ajustes no impliquen una carga desproporcionada ni indebida al empleador. A fin de valorar dicha carga, es preciso tener en cuenta, particularmente, los **costes financieros** y de otro tipo que esta medida implica, el tamaño, los recursos financieros y el volumen de negocios total de la organización o empresa y la disponibilidad de fondos públicos o de otro tipo de ayuda.

3305 Respecto de la «razonabilidad» del ajuste, la sentencia el Tribunal Comunitario citada señala que la misma debe entenderse en un **sentido amplio**, aunque condicionada al límite de la excesiva carga al empleador. Para el Tribunal (que concluye que la Dir 2000/78/CE art.2.2.a.4.1 y art.5 deben interpretarse en el sentido de que se oponen a una normativa nacional que establece la imposibilidad absoluta de mantener en sus funciones a un funcionario de prisiones cuya agudeza auditiva no cumple los umbrales mínimos de percepción acústica establecidos en esa normativa, y que no permite comprobar si el mencionado funcionario puede desempeñar tales funciones, en caso necesario tras realizarse los ajustes razonables a efectos del citado art.5), el empresario debe tomar las **medidas adecuadas**, en función de las necesidades de cada situación concreta, para permitir que este colectivo de personas puedan acceder al empleo, ejercerlo o progresar profesionalmente, salvo que esas medidas supongan una carga excesiva para el empresario.

En el mismo sentido, resulta de interés citar el TJUE 11-4-13 (caso HK Danmark y otros contra HK Danmarky otros, asuntos acumulados C-335/11 y C-337/11), en la cual se analiza si la Dir 2000/78/CE art.5, que regula los ajustes razonables para las personas con discapacidad, debe interpretarse en el sentido de que la reducción del tiempo de trabajo (no limitado a la implementación de distintas pausas o descansos para atenuar en lo posible la carga del trabajador discapacitado, sino a la **reducción de la jornada laboral** como sería el caso de ajuste de horarios y el que las personas discapacitadas que no tienen o han perdido la capacidad de trabajar a tiempo completo efectúe una jornada de trabajo a tiempo parcial) puede constituir una de las medidas de ajuste a que se refiere ese artículo. En esta sentencia destacan los siguientes aspectos:

1. Respecto del sentido amplio en el que se debe interpretar los ajustes razonables, cabe precisar que conforme a la Convención Nueva York 13-12-06 art.2.4, los ajustes razonables son las **modificaciones y adaptaciones** necesarias y adecuadas que no impongan una carga desproporcionada o indebida, cuando se requieran en un caso particular, para garantizar a las personas con discapacidad el goce o ejercicio, en igualdad de condiciones con las demás, de todos los derechos humanos y libertades fundamentales –de ello se sigue que dicha disposición preconiza una definición amplia del concepto de ajuste razonable. En lo que atañe a la Dir 2000/78, este concepto debe entenderse en el sentido de que se refiere a la **eliminación de las barreras** que dificultan la participación plena y efectiva de las personas discapacitadas en la vida profesional en igualdad de condiciones con los demás trabajadores.

2. La Dir 2000/78/CE art.5 debe interpretarse en el sentido de que la **reducción del tiempo de trabajo** puede constituir una de las medidas de ajuste a que se refiere dicho artículo, correspondiendo al juez nacional apreciar si, en las circunstancias de los asuntos principales, la reducción del tiempo de trabajo como medida de ajuste supone una carga excesiva para el empleador.

Así, la **adopción de medidas** de adaptación a las necesidades de este colectivo de personas trabajadoras en el lugar de trabajo desempeña un papel importante a la hora de combatir la discriminación y el concepto de ajustes razonables debe entenderse de forma amplia, únicamente limitado por la excesiva carga que dichos ajustes pueden suponer al empleador.

Pronunciamientos judiciales tras la entrada en vigor de la L 15/2022 Estos pronunciamientos son los siguientes: **3310**

TSJ Baleares 30-9-22 Identifica como objeto de litigio principal la reclamación por despido interpuesta por una persona trabajadora tras ser declarada en situación de **incapacidad total** para su profesión habitual (sin previsión de mejoría), en aplicación del ET art.49.1.e (que prevé la extinción del contrato de trabajo por incapacidad permanente total o absoluta del trabajador de no preverse mejoría del trabajador que permita la suspensión del contrato de trabajo con reserva del puesto de trabajo) (TSJ Baleares auto 30-9-22, EDJ 706356). **3315**

El TSJ Baleares razona que la jurisprudencia de la sala de lo social del Tribunal Supremo no se ha planteado nunca el **posible carácter o efecto discriminatorio** de la extinción contractual regulada en el ET art.49.1.e, al no condicionarse al mandato de «ajustes razonables». Como se ejemplifica en el TS 3-2-21, EDJ 504455, el Tribunal Supremo sigue entendiendo que «que el hecho de que exista la posibilidad de que el declarado en situación de incapacidad permanente total pueda ser recolocado por la empresa no obliga a la empresa a novar objetivamente el contrato, ofreciéndole la realización de otro oficio de tales características, salvo que el orden normativo aplicable así lo dispusiere, cual no es el caso de autos, concluyendo que la empresa no tiene obligación de realizar esa reubicación, salvo que así está establecido convencional o contractualmente, y con independencia de que nada le impide hacerlo».

Por ello, el Tribunal Balear ha elevado al TJUE las siguientes **cuestiones prejudiciales** no resueltas a la fecha:

a) La Dir 2000/78/CE art.5, a la luz los apartados 16, 17, 20 y 21 de su preámbulo, de la CDFUE art.21 y 26 y de la Convención Nueva York 13-12-06art.2 y 27, ¿Debe ser interpretados en el sentido de que se opone al mismo la aplicación de una norma nacional que contemple como **causa automática de extinción** del contrato de trabajo la discapacidad del trabajador/a (al ser declarado en situación de incapacidad permanente y total para su profesión habitual, sin previsión de mejoría), sin previo condicionamiento al cumplimiento por parte de la empresa del mandato de adoptar «ajustes razonables» a la que obliga la referida Dir 2000/78/CE art.5 para mantener el empleo (o justificar la carga excesiva de tal obligación)?

b) La Dir 2000/78/CE art.2.2 y 4.1, a la luz los apartados 16, 17, 20 y 21 de su preámbulo, de la CDFUE art.21 y 26 y de la Convención Nueva York 13-12-06 art.2 y 27, ¿deben ser interpretados en el sentido de que la extinción automática del contrato de trabajo de un trabajador por causa de discapacidad (al ser declarado en situación de incapacidad permanente y total para su profesión habitual), sin previo condicionamiento al cumplimiento del mandato de adoptar «ajustes razonables» a la que obliga la referida Dir 2000/78/CE art.5 para mantener el empleo (o a la previa justificación de la carga excesiva de tal obligación), constituye una **discriminación directa**, aun cuando una norma legal interna determine tal extinción?

PRECISIONES Cabe precisar que la sentencia de instancia, que motiva la cuestión prejudicial elevada por el Tribunal Balear, se dicta con anterioridad a la vigencia de la L 15/2022. Este matiz es importante porque la L 15/2022 art.6.1 señala que se considera **discriminación directa** la denegación de ajustes razonables a las personas con discapacidad, de modo que la actuación o decisión empresarial sin implementar previamente los ajustes razonables podría ser sancionada con la nulidad.

Sin perjuicio de lo expuesto, también resultaría razonable valorar si la aplicación del ET art.52.a, que permite extinguir el contrato por **ineptitud del trabajador** conocida o sobrevenida con posterioridad a su colocación efectiva en la empresa, y vinculada a una supuesta enfermedad o condición de salud, también exigiría al empleador la implementación previa de los ajustes razonables en los términos que prevé la L 15/2022.

3320 **TSJ Galicia 25-10-23** Se analiza el caso de una persona trabajadora cuyo contrato de trabajo se extingue al amparo del ET art.49.1.e, tras haber emitido el INSS una resolución en la que declara la **incapacidad permanente en grado de total** del trabajador y, además, pone de manifiesto que no se prevé que la situación de incapacidad del trabajador vaya a ser objeto de revisión por mejoría que permita la reincorporación al puesto de trabajo antes de dos años. Cabe precisar que, en este supuesto, el convenio colectivo aplicable establece que en el caso de declaración de incapacidad permanente total el empleador, de pedirlo así el trabajador en el plazo de dos meses, ha de proceder al cambio de puesto dando lugar a una renovación (novación, en términos jurídicos) del contrato, previéndose incluso que se mantengan las retribuciones básicas del puesto de origen y las complementarias del nuevo (TSJ Galicia 25-10-23, EDJ 740680).

El Tribunal considera que la **posibilidad extintiva** del ET art.49.1.e está vedada por el convenio colectivo de aplicación, de modo que en todo caso habría de utilizarse para la extinción el ET art.52 y, no cumplidos sus requisitos, se trata de un despido improcedente, porque el convenio colectivo aplicable establece un derecho objetivo e incondicionado para la conservación de la contratación. Así, el Tribunal entiende que la regulación convencional es una **mejora del régimen**

legal que desplaza la operatividad taxativa del ET art.49.1.e y no se condiciona en modo alguno a la existencia de vacante, de modo que se trata de un derecho completo y no una expectativa de derecho, pues así lo han querido establecer los negociadores del convenio, que bien pudieron prever la excepción de inexistencia de vacante apropiada porque no previéndola, el precepto quedaría en poco más que papel mojado si por una parte la empleadora cubre sus vacantes con diligencia, de modo que nunca se produciría eficazmente la situación que conlleva el mandato convencional y porque además, así, la validez y cumplimiento de lo pactado quedaría al arbitrio de la empleadora, incumpliendo de modo palmario lo previsto en el CC art.1256. En base a ello, el Tribunal considera que la resolución unilateral por la empresa del contrato, cuando está convencionalmente obligada a novarlo en otro adaptado, constituye un despido improcedente.

4. Discriminación por enfermedad o condición de salud no opera como supuesto de nulidad objetiva sino como nulidad causal. Despidos

a. Nulidad causal

La L 15/2022 art.26 sanciona con **nulidad de pleno derecho** las disposiciones, actos o cláusulas de los negocios jurídicos que constituyan o causen discriminación por razón de alguno de los motivos previstos en la L 15/2022 art.2.1, incluida la discriminación por enfermedad o condición de salud. Por tanto, al estar prevista en la L 15/2022, la enfermedad o condición de salud como **causa de discriminación**, el despido del trabajador que se encuentre enfermo (en incapacidad temporal o sin encontrarse en incapacidad temporal) es nulo. 3330

Sin embargo, dicha nulidad no opera como un supuesto de **nulidad objetiva ni automática** (como los que se vinculan a la maternidad y permisos y derechos conciliatorios en los términos que regula el ET art.55.5) sino que exige de la aplicación de la carga de la prueba de la L 15/2022 art.30. En efecto, no se sanciona de forma automática con la nulidad porque:

a) La L 15/2022 art.30.1 regula las reglas relativas a la **carga de la prueba**, estableciendo que cuando la parte actora o el interesado alegue discriminación y aporte indicios fundados sobre su existencia, corresponde a la parte demandada o a quien se impute la situación discriminatoria la aportación de una justificación objetiva y razonable, suficientemente probada, de las medidas adoptadas y de su proporcionalidad. La existencia de dichas reglas excluye implícitamente la posibilidad de que la sanción de nulidad que prevé la L 15/2022 art.26 sea una nulidad objetiva o automática, exigiendo la declaración de nulidad del despido probar que es consecuencia o a causa de la enfermedad o condición de salud.

b) Tratándose del despido, no se ha modificado el ET art.55.5, lo que conlleva, acudiendo a la **doctrina jurisprudencial** y a la regulación procesal, que la decisión empresarial que implique una discriminación por razón de la enfermedad determinaría la nulidad de la misma, siempre que se aporten indicios suficientes por parte del trabajador que afirma dicha discriminación y que el empresario no pueda acreditar que la verdadera causa de despido es ajena a la vulneración de derechos fundamentales (TS 19-5-20, EDJ 576611).

De este modo, a los supuestos de discriminación por razón de enfermedad o condición de salud, y en los supuestos de despido, solo **le corresponde la nulidad** del ET art.55.5 que declara que «será nulo el despido que tenga por móvil alguna de las causas de discriminación prohibidas en la Constitución Española o en la ley, o bien se produzca con violación de derechos fundamentales y libertades públicas de la persona trabajadora».

En este sentido, resulta de interés citar los siguientes pronunciamientos judiciales en los que se analiza la **nulidad causal** prevista en la L 15/2022 art.26.

3335 **TSJ Castilla y León 17-7-23** Analiza si el ET art.55.5 y la doctrina jurisprudencial sobre el mismo, puede ser **objeto de revisión** al amparo de la L 15/2022 art.26, que establece que son nulos todos los actos de discriminación de alguna de las causas recogidas en la L 15/2022 art.2 que establece que «Nadie podrá ser discriminado por razón de (...) enfermedad o condición de salud, estado serológico y/o predisposición genética a sufrir patologías y trastornos, lengua, situación socioeconómica, o cualquier otra condición o circunstancia personal o social» (TSJ Castilla y León 17-7-23, EDJ 654113).

Así, el Tribunal concluye que al no haber modificado la L 15/2022 el ET art.55.5, no cabe duda de que el despido de un trabajador en situación de baja médica **no constituye** una causa de nulidad objetiva o automática del ET art.55.5, por lo que el trabajador debe acreditar la posible conexión entre la extinción del contrato y su enfermedad. Por tanto:

– no cabría aplicar la **automaticidad de la nulidad** tal como se aplica en el despido de la trabajadora embarazada; y

– ni antes de la entrada en vigor de la L 15/2022, ni tampoco siquiera después de ella, la situación de **incapacidad temporal** en el momento del despido conduce de forma automática a una declaración de nulidad.

En el mismo sentido, se pronuncia el TSJ Extremadura 19-10-23, EDJ 730224.

3340 **TSJ Burgos 15-6-23** El Tribunal considera que en la medida que la L 15/2022 art.30 regula las reglas relativas a la **carga de la prueba** (aportación de indicios por parte del trabajador, y aportación de una justificación objetiva y razonable de las medidas adoptadas y de su proporcional por parte del empleador), no se establece un supuesto de nulidad objetiva o automática como los que se vinculan a la maternidad y permisos y derechos conciliatorios en los términos que regula el ET art.55.5, exigiendo la **declaración de nulidad** del despido probar que es consecuencia o a causa de la enfermedad o condición de salud (TSJ Burgos 15-6-23, EDJ 635409). Así, concluye que:

– el despido no tiene un móvil discriminatorio, y por ello no cabe calificarlo como nulo, sino como **improcedente** en aquellos supuestos en los que concurran causas reales, que justifican un despido disciplinario, pero que, sin embargo, la decisión extintiva no supera el juicio de proporcionalidad (teoría gradualista); y

– en los casos es los que el despido es una **sanción excesiva**, o en los que se haya probado y valorado la existencia de tolerancia empresarial frente a la conducta sancionada, o los hechos imputados están prescritos, o cuando concurren incumplimientos formales, si el despido no tiene el móvil discriminatorio vinculado a la enfermedad o condiciones de salud, procede declararlo improcedente.

b. Sentencias en materia de despido

Si la empresa prueba que **existen razones verdaderas** proporcionadas para el despido, este no se considera discriminatorio y por tanto no es nulo, pero previsiblemente podría admitir también una declaración de improcedencia si se acredita que las razones eran ajenas a la enfermedad, aunque no fuesen suficientes. 3350

En este sentido se han pronunciado los **juzgados y tribunales** de justicia tras la entrada en vigor de la L 15/2022, declarando la nulidad del despido en algunas de ellas como la improcedencia del mismo en otras. A continuación, efectuamos un resumen de las más destacables:

Declaran la nulidad del despido La persona trabajadora aporta indicios fundados y el empleador no aporta justificación objetiva y razonable que excluya la causa discriminatoria. 3355

JS Gijón 15-11-22 Con carácter preliminar, señala que tras la publicación de la L 15/2022, la enfermedad como **factor de discriminación** no exige ningún tipo de duración «esto es, la tradicional equiparación a la discapacidad a tenor de la duración deja de tener sentido, pues en sí, la discriminación por enfermedad constituye un motivo de nulidad autónomo». Respecto del fondo del asunto, el juzgado declara la nulidad del despido afirmando que no solo concurren indicios de que el despido obedeció a la enfermedad y operación de la persona trabajadora, sino que además se considera probado (mensaje de WhatsApp enviado por el hijo del titular del establecimiento a la persona trabajadora indicando que sus padres no pueden soportar el coste de la baja por incapacidad temporal pero que, cuando la trabajadora se restablezca, la volverán a contratar, por estar contentos con su rendimiento). A ello sigue un despido sin causa alguna para el que no cabe otra consecuencia que la nulidad (JS Gijón núm 1 15-11-22, EDJ 759390). 3360

Resulta de interés señalar que, si bien la actora no solicita una indemnización por vulneración de derechos fundamentales, el juzgado **impone al empleador el pago** de dicha indemnización de 3.500 euros (equivalente a tres meses de salario, atendiendo a que la trabajadora no tenía una antigüedad relevante y a que la duración aproximada de la incapacidad temporal era de 90 días) además de su readmisión con motivo de la nulidad. Al respecto, el juzgado entiende que, de conformidad con la L 15/2022 art.27, la vulneración del derecho fundamental exige una **indemnización** que restituya a la víctima a la situación anterior al incidente discriminatorio cuando sea posible y que acreditada la discriminación se presume la existencia de daño moral, lo que también tendría que ser indemnizado. Por ello, entiende que aunque la actora no solicite el pago de una indemnización por daños morales, al tratarse de la vulneración de un derecho fundamental, resulta aplicable la LRJS art.183, que establece que cuando la sentencia declara la existencia de vulneración, el juez debe pronunciarse sobre la cuantía de la indemnización que, en su caso, le corresponda a la parte demandante por haber sufrido **discriminación u otra lesión** de sus derechos fundamentales y libertades públicas, en función tanto del daño moral unido a la vulneración del derecho fundamental, como de los daños y perjuicios adicionales derivados.

JS Cartagena 18-1-23 Si bien considera válido el indicio aportado por la trabajadora (inmediatez de la reacción empresarial, que se aprecia con toda claridad en este supuesto, ya que el despido se produce el mismo día de la baja de la trabajadora, y por medio de burofax remitido a las diez de la noche, una hora, 3365 cuando menos, poco habitual para la notificación de decisiones de esta índole), la **empresa no ha acreditado** la comisión por la trabajadora de ninguna falta justificativa del despido (si bien se despide a la actora por distintas ausencias al trabajo injustificadas, la única prueba aportada consiste en transcripciones de conversaciones vía aplicación de mensajería telefónica «WhatsApp», mantenidas por la empresaria con la trabajadora, y al parecer también con su asesoría, de las que lo único que se deduce con claridad es que la actora no asistió a su puesto de trabajo el día 29 de junio, pero con conocimiento y consentimiento de la empresa, que conocía el motivo y le pidió que, en caso de no asistir tampoco al día siguiente, le llevara un justificante médico, a lo que la demandante le contestó que sí asistiría). De este modo, prevalecen los indicios de discriminación y el despido se declara nulo (JS Cartagena núm 1 18-1-23, EDJ 591171).

3370 **JS Burgos 27-2-23** Declara la nulidad del despido al resultar probado que el demandante comenzó un proceso de incapacidad temporal el 9 de septiembre de 2022, y transcurrida menos de una semana desde el inicio de la relación laboral, el empleador le da de baja en la seguridad social con motivo de la entrega de una carta de despido en la que la empresa no se molesta en alegar causa alguna legal de posible despido procedente de la trabajadora. Por lo tanto, el indicio de **discriminación por razón de enfermedad** de la demandante es claro y no aportando la empresa ni alegación ni prueba alguna que justifiquen el despido operado estando la trabajadora en situación de incapacidad temporal, el Juzgado entiende que conforme a las reglas de la carga de la prueba de la L 15/2022 art.30, el despido es nulo por discriminatorio. Sin perjuicio de que la declaración de nulidad del despido conlleva la inmediata readmisión de la persona trabajadora con abono de los salarios dejados de percibir, el juzgado modula la **indemnización por daños morales** de 7.500 euros solicitada por la actora, entendiendo que es desproporcional atendiendo a la breve duración de la prestación de servicios y la fija en el importe en 1.170 euros por ser el importe del salario mensual de la actora (JS Burgos núm 1 27-2-23, EDJ 529953).

3375 **JS Burgos 4-5-23** La empresa tenía conocimiento de la situación de incapacidad temporal de la trabajadora por enfermedad común y existe una **conexión temporal** entre este hecho y el despido, por lo que resulta evidente la existencia del indicio exigido por la L 15/2022. Sin embargo, la empresa no ha justificado su actuación, en tanto que en la propia carta de despido (que se le entrega tras el fin de su incapacidad temporal) no solo se alegan los supuestos motivos que justifican el despido, sino que además la empresa reconoce la improcedencia del despido en dicha carta y a pesar de que a la trabajadora se le hizo indefinida meses previos tras un año trabajando en la empresa (JS Burgos núm 2 4-5-23, EDJ 590705).

Respecto de la **indemnización por daños morales**, se cita al TSJ Andalucía 19-5-22, que señala como criterios orientativos aspectos tales como la gravedad de la lesión y culpabilidad del agente, eventual perjuicio patrimonial, revocabilidad de la medida, reiteración de la lesión, gastos de litigación, circunstancias concurrentes y proporcionalidad. En este contexto, y tratándose de una trabajadora con una antigüedad muy escasa en la empresa, no habiéndose probado que la empresa haya cometido este tipo de conductas en otras ocasiones, y no se ha especificado algún perjuicio excepcional más allá de los evidentes de esta situación para la trabajadora, se impone una indemnización de 1.500 euros por daños morales y que incluso resulta inferior a la prevista para las faltas muy graves en la Ley de Infracciones y Sanciones en el Orden Social.

JS Pamplona 4-4-23 Considera que concurre un **suficiente panorama indiciario** de la motivación discriminatoria de la decisión extintiva que adopta la empresa porque (JS Pamplona núm 3 4-4-23, EDJ 555429): **3380**

– existe una clara proximidad entre la situación de enfermedad y baja médica que se inicia el 29 de junio de 2022 y la decisión del despido que adopta la empresa con efectos de 14 de julio de 2022;

– despido comunicado que es fraudulento e infundado, sin causa alguna;

– expreso reconocimiento del empleador de la improcedencia del despido en la carta que se entrega al trabajador, en la que se limita la empresa a afirmar que no se han cumplido las expectativas profesionales puestas en su persona ni se ha alcanzado el rendimiento laboral pactado;

– ausencia de acreditación de cualquier justificación del despido, mencionando la empresa en el acto del juicio unas justificaciones que carecen de todo soporte probatorio, poniéndose claramente de manifiesto que nos encontramos ante un despido sin causa empresarial, injustificado y fraudulento. Se cuantifica la indemnización por **daños morales** en 7.500 euros.

JS Palma de Mallorca 31-5-23 Ha quedado acreditado que tras la comunicación de la actora a su superior de su **mal estado de salud** que le impedía seguir desempeñando las tareas en su puesto de trabajo (estado por el que acudió al Centro de Salud), el superior de la actora cuestionó el justificante remitido por la actora (ante lo cual la demandante le explicó que acudiría al médico de cabecera el siguiente día hábil), siendo la única respuesta ofrecida por el superior de la actora la comunicación de su despido justo al día siguiente y además reconociendo la improcedencia del mismo. Teniendo en cuenta el tenor de la conversación y de la secuencia temporal de mensajes, no puede sino considerarse que existen indicios de que el cese de la actora fue reactivo al estado de salud de la demandante y a su intención de solicitar la expedición de parte de baja de incapacidad temporal, y con ello, indicios de vulneración del derecho a la integridad física de la actora. Sin embargo, la empresa no ha acreditado la existencia de un motivo razonable del despido, sin comparecer el día del juicio (JS Palma de Mallorca núm 1 31-5-23, EDJ 735922). **3385**

Asimismo, señala que la **doctrina judicial más reciente** se ha alejado más del objetivo propiamente resarcitorio de la indemnización por daños morales, para situarse en un plazo que no descuida el aspecto preventivo que ha de corresponder a la indemnización. Por ello, razona que se debe cuantificar la indemnización en 7.501 euros (cuantía de la sanción por falta muy grave, en grado mínimo, prevista en la Ley de Infracciones y Sanciones en el Orden Social), habida cuenta de la escasa antigüedad de la trabajadora, que no se ha acreditado la concreta producción de un daño a la demandante derivado del actuar empresarial, así como que no consta tampoco elemento alguno para apreciar una determinada actitud empresarial reiterada en supuestos similares.

TSJ Burgos 20-7-23 Se declara la nulidad del despido efectuado por **SMS certificado al teléfono móvil** de la actora dos horas después de que la empleadora tomó conocimiento de parte de baja médica por incapacidad temporal de la trabajadora, sin constar hechos que acrediten el despido y con reconocimiento de la improcedencia por parte de la propia empleadora. Respecto de la indemniza- **3390**

ción por **daños morales**, manifiesta que corresponde al juzgado de instancia su fijación, siendo que dicho criterio solo puede ser corregido cuando resulte manifiestamente irrazonable, desproporcionado e injustificado, por lo que solo es posible modificarlo cuando no se ajusta a parámetros razonables, o cuando los empleados sean claramente excesivos y desorbitados en función de las circunstancias del caso (TS 11-6-12, EDJ 201754; 8-7-14, EDJ 147572 y 2-2-15, EDJ 24006) (TSJ Burgos 20-7-23, EDJ 661068).

3395 **TSJ Madrid 13-2-23** Considera que la parte actora ha **acreditado suficientemente** la existencia de indicios que general una razonable sospecha, apariencia o presunción a favor de su alegado de vulneración del derecho a la discapacidad (acredita discapacidad visual con limitación de larga duración), y que la empresa no ha acreditado las causas organizativas y productivas que justifican el despido objetivo del actor (TSJ Madrid 13-2-23, EDJ 518953).

3400 **TSJ Castilla-La Mancha 6-10-23** El Tribunal considera que de los datos expuestos se deducen indicios de que la decisión unilateral adoptada por la empresa tiene como causa la situación de **incapacidad temporal de la trabajadora**, pues resulta cuando menos sorprendente que la empresa adopte la decisión de rescindir los contratos de trabajo de tres trabajadoras, con la misma categoría profesional, alegando idénticos motivos, dos de ellos de carácter disciplinario y uno de carácter objetivo, y todas ellas en situación de incapacidad temporal, lo que implica que en virtud del principio de inversión de la carga de la prueba corresponde a la empresa acreditar la ausencia de cualquier móvil discriminatorio lo que lleva al examen de la causa alegada para proceder al despido que concretamente se centra en «la bajada de ocupación en dicha empresa, el descenso del rendimiento en su trabajo y falta de debida diligencia en las tareas que desempeña», sin que la empresa haya llevado a cabo la más mínima prueba sobre las mismas, y por el contrario pese a la bajada de ocupación dos de las trabajadoras de la empresa han visto modificados los contratos celebrados pasando de temporal a indefinido y días después de que los despidos tuvieran efecto fue **contratada una nueva trabajadora** con la misma categoría profesional que las despedidas, lo que resulta contradictorio con la bajada de actividad, y respecto a las otras dos razones no consta en qué medida ha podido disminuir el rendimiento o la diligencia en base al mantenido con anterioridad o con respecto al resto de trabajadores del centro, prueba que en su caso corresponde realizar a la empresa. Si bien la sentencia de instancia fijó la indemnización por daño moral en 6.251 euros, el Tribunal reduce dicho importe a 4.000 euros indicando que en la demanda no se fijan las bases para su cálculo ni los elementos en orden a los cuales poder valorar los mismos (TSJ Castilla-La Mancha 6-10-23, EDJ 720568).

3405 **TSJ Galicia 19-10-23** En este caso, los **indicios de discriminación** que la Sala considera fundado son los siguientes (TSJ Galicia 19-10-23, EDJ 728323):

– una larga situación de incapacidad temporal, desde el 21/09/2021 hasta el 26/08/2022;

– la empleadora conocía ese primer período de incapacidad temporal; y, por el contrario, no consta a la vista de los hechos probados que tuviese conocimiento del alta médica de 26/08/2022;

– el 13/10/2022 el actor recibió un SMS de la Seguridad Social, que le comunicaba su baja en la TGSS, con efectos de 8/10/2022 (despido tácito), sin que en ese momento, ni tampoco con carácter previo, conste que la empresa hubiese

comunicado causa alguna para la extinción del contrato de trabajo a la parte actora;
– la empresa no entregó carta de despido alguna a la parte actora –se limitó, después de la extinción de la relación laboral, a remitir al actor un certificado de empresa fechado el 9/11/2022, donde consta como causa de la extinción de la relación laboral despido disciplinario.

Concurriendo indicios de discriminación, la empresa no ha acreditado una **justificación objetiva y razonable** para la decisión de despido, que desvincule por completo la misma del panorama indiciario expresado, en los términos exigidos por la L 15/2022 art.30.1, en relación con la LRJS art.96.1 y 181.2.

Incluso asumiendo que a la empresa le había sido comunicada el alta médica de 26/08/2022, lo cierto es que no realizó un despido disciplinario, sino un **despido tácito**, y que ni antes ni después del mismo entregó carta alguna de despido a la parte demandante, lo que demuestra una deficiente actuación de la empresa a la hora de despedir sin cumplir con los requisitos formales legalmente exigibles (una carta de despido expresando la causa conforme con el ET art.55.1), no puede tomarse como un contraindicio a su favor. En definitiva, el uso fraudulento de la **facultad extintiva**, tal y como aquí ocurre al realizar la empresa un despido tácito, coadyuva a la apreciación del panorama indiciario, siendo la LRJS art.105.2 («Para justificar el despido, al demandado no se le admitirán en el juicio otros motivos de oposición a la demanda que los contenidos en la comunicación escrita de dicho despido»), en relación con la L 15/2022 art.7, un obstáculo procesal insalvable para la empresa.

PRECISIONES A **mayor abundamiento**, se citan las sentencias siguientes: JS núm 1 Granada 15-2-23, EDJ 508369; JS núm 4 Vigo 24-4-23, EDJ 591957; JS núm 1 Toledo 3-5-23, EDJ 592214; JS núm 6 Murcia 21-6-23, EDJ 704425; TSJ Asturias 23-5-23, EDJ 591495; TSJ Andalucía 13-4-23, EDJ 610101; TSJ Baleares 24-1-23, EDJ 513737; TSJ Extremadura 19-10-23, EDJ 730224; TSJ Madrid 12-7-23, EDJ 652005; TSJ Castilla-La Mancha 5-10-23, EDJ 720129; TSJ Las Palmas 10-4-23, EDJ 655108.

Declaran la improcedencia del despido La persona trabajadora no aporta indicios fundados que justifique el desplazamiento de la carga probatoria a la empresa. **3415**

TSJ Las Palmas 29-6-23 El despido se produce tras la entrada en vigor de la L 15/2022. El Tribunal considera que no cabe la aplicación de la L 15/2022, por **no haberse acreditado** de forma bastante el supuesto de hecho contemplado en la L 15/2022 art.2.1 y 9.1, en particular, no consta que con motivo del despido, acto empresarial concreto impugnado, y atendiendo a su fecha de efectos, la actora haya sido discriminada por razón de enfermedad o condición de salud, estado serológico y/o predisposición genética a sufrir patologías y trastornos. Señala que la parte actora **no ha aportado indicio razonable** de que el acto empresarial lesiona sus derechos fundamentales (el proceso de incapacidad temporal había concluido en la fecha de efectos del despido y no se alegado en la demanda que en esta fecha la actora estuviere afecta de una enfermedad o condición de salud, estado serológico y/o predisposición genética a sufrir patologías y trastornos con cierta relevancia a efectos laborales) y, solo una vez cubierto dicho primer e inexcusable presupuesto indiciario, puede hacerse recaer sobre la parte demandada la **carga de probar** que su actuación tiene causas reales absolutamente extrañas a la vulneración de derechos fundamentales, así como **3420**

que aquellas tuvieron entidad suficiente como para adoptar la decisión, único medio de destruir la apariencia lesiva creada por los indicios, que en el supuesto analizado no concurren, por lo que no cabe la antes indicada inversión de la carga de la prueba (TSJ Las Palmas 29-6-23, EDJ 664354).

3425 **TSJ Valladolid 28-9-23** El despido se produce tras la entrada en vigor de la L 15/2022: el Tribunal razona que si bien la L 15/2022 refuerza la posición de los trabajadores con problemas de salud, no supone que todo despido no procedente de una persona que haya estado de baja sea nulo pues, en el caso enjuiciado, las bajas médicas del actor **no están relacionadas con la enfermedad dental** que invoca y que no consta fuera conocida por la empresa. La aplicación de esta doctrina al caso analizado no cabe sino estimar que la magistrada de instancia hace atinada aplicación de la normativa al declarar improcedente la sanción extintiva (TSJ Valladolid 28-9-23, EDJ 705409).

3430 **TSJ Valladolid 28-9-23** El despido se produce tras la entrada en vigor de la L 15/2022. El Tribunal sostiene que no cabe considerar, siquiera indiciariamente, que la causa real del despido fue la **dolencia lumbar y la baja médica** por dicho motivo, cuando no ha quedado acreditado que la empresa conociera al tiempo de comunicarle el despido ni las asistencias médicas recibidas ni la causa de las mismas, y ni tan siquiera que el actor había iniciado un proceso de incapacidad temporal por tal padecimiento, del que no le constan por demás antecedentes, siendo que la comunicación de despido se le remite escasa media hora después de haber acudido al médico que le expidió la baja, ello tras abandonar el trabajo sin fichar ni constar que pidiera permiso o comunicara nada a ningún responsable de la empresa, siendo en fin que en el parte de baja remitido a la empresa no figura el diagnóstico y no hay constancia alguna de que la misma lo conociera por habérsele comunicado con anterioridad. Así, la situación de baja laboral, aún inmediata al despido, **no constituye indicio suficiente** de discriminación que justifique el desplazamiento de la carga probatoria a la empresa, que ya reconoció en juicio su improcedencia (TSJ Valladolid 28-9-23, EDJ 720411).

3435 **JS Cartagena 17-4-23** El Tribunal sostiene que la **condición de minusválido** que el trabajador tiene reconocida y los procesos de incapacidad temporal que ha cursado pueden tener el valor de indicios de discriminación, por razón de discapacidad y por razón de enfermedad o condición de salud. Sin embargo, el Tribunal considera que dichos indicios han quedado desvirtuados porque la decisión empresarial de extinguir el contrato de trabajo del actor responde a un hecho ajeno a la voluntad de vulnerar sus derechos fundamentales, que es la continuación del **servicio contratado con un tercero** por una empresa diferente, hecho que podía haber dado lugar a la obligación de subrogar a los trabajadores y que no le fue comunicado en su momento (JS Cartagena núm 1, 17-4-23, EDJ 590871).

3440 **TSJ Comunidad Valenciana 16-5-23** Sentencia de la Sala de lo Social del Tribunal Superior de Justicia de la Comunidad Valenciana de 16 de mayo de 2023 (la extinción del contrato de **trabajo temporal** se produce antes de la entrada en vigor de la L 15/2022): si bien la L 15/2022 art.2.3, que establece que «la enfermedad no podrá amparar diferencias de trato distintas de las que deriven del propio proceso de tratamiento de la misma, de las limitaciones objetivas que imponga para el ejercicio de determinadas actividades o de las exigidas por razones de salud pública», no estaba vigente en el momento del cese enjuiciado, y por lo tanto no es aplicable al caso de enjuiciado, no supone una alteración sustancial de la doctrina expuesta ni una modificación del sistema legal y procesal para la determinación de los supuestos en los que ha existido una vulneración de derechos fundamentales. Así y con independencia de que el ordenamiento jurídico incluya como posible causa discriminatoria la enfermedad, lo cierto es que para que una acción del empleador pueda considerarse como tal debe existir una **actividad probatoria previa** que implica la constatación de unos indicios (aportados por quien alega esta discriminación) con entidad suficiente para proceder a aplicar las reglas que sobre inversión de la carga de la prueba contempla en estos casos la LRJS art.96. La sentencia recurrida considera **insuficientes los indicios** aportados por la recurrente que se centran única y exclusivamente en que la finalización del contrato temporal coincide con el proceso de incapacidad temporal del trabajador, y en la negativa a reconocer que ambas partes suscribieron un contrato eventual, frente al hecho acreditado por la empleadora de que el contrato se suscribió por un tiempo determinado y que apenas unos meses del comienzo de la prestación el actor inició un proceso de IT que no afectó a la duración de la contratación inicialmente pactada, que siguió vigente hasta la fecha del cese acordado (TSJ Comunidad Valenciana 16-5-23, EDJ 695347).

TSJ Las Palmas 1-4-23 La extinción del contrato por no superación del período de prueba se produce antes de la entrada en vigor de la L 15/2022. La sentencia de instancia desestimó la demanda por entender lícito el desistimiento empresarial del contrato de trabajo por **no superación del periodo de prueba** dentro del plazo al efecto establecido, sin que a ello obstase que, como se explicaba en la fundamentación jurídica de la sentencia de instancia, la razón del cese fuera que al empresario no le interesara «tener contratada a una persona de baja médica», considerando la juzgadora de instancia que ello no comportaba vulneración alguna de derechos fundamentales. El Tribunal confirma la sentencia de instancia, indicando que (TSJ Las Palmas 1-4-23, EDJ 654200): **3445**

– la parte actora no ha aportado panorama indiciario de que el factor enfermedad fuese tomado en consideración por el empleador como un elemento de segregación o estigmatización de la persona trabajadora ni que exista ánimo disuasorio para que las personas asalariadas no soliciten una baja médica si lo precisaren; y

– por razones temporales, en ningún caso resultaría de aplicación la L 15/2022 porque no estaba vigente al tiempo del cese.

En el mismo sentido destaca el TSJ Cataluña 20-4-23, EDJ 579565, que concluye que si bien el actor se encontraba en el momento de acordarse la medida extintiva en situación de incapacidad temporal, la misma **no resultaba equiparable al concepto de discapacidad**, lo que debe conducir a calificar como improcedente el despido. En todo caso, el tribunal matiza que los hechos que originan dichas actuaciones son anteriores a la publicación de la L 15/2022, que contempla como causa específica de discriminación la enfermedad o condición de salud en su L 15/2022 art.2, marco normativo no aplicable por razones de temporalidad y que pudiera, en su caso, hacer concluir al tribunal de modo divergente.

D. Ideas Clave

3455 ✓ Una de las novedades más importantes de la L 15/2022 es la incorporación en nuestro ordenamiento jurídico de **nuevas causas de discriminación** no previstas expresamente en la Const art.14. Así, se incorporan expresamente como nuevas causas autónomas de discriminación la enfermedad o condición de salud, el estado serológico y la predisposición genética a sufrir patologías y trastornos, como causa de discriminación.

✓ La L 15/2022 reconoce como **factor autónomo de discriminación** la enfermedad en un sentido amplio, de modo tal que, con la nueva normativa, el despido de un trabajador en situación de baja médica (incapacidad laboral transitoria) también podría reputarse discriminatorio. En todo caso, la sola situación de incapacidad temporal no tiene por qué generar la declaración de nulidad del despido del trabajador en incapacidad temporal.

✓ El **test de aplicación** en casos de enfermedad, para determinar si una conducta, acto, criterio o práctica empresarial ha tenido como móvil la misma y, por tanto, pueda calificarse de discriminatoria, exige la concurrencia de los 3 requisitos siguientes:

– comprobar que existe una enfermedad o condición de salud (susceptible de protección) de la persona trabajadora previa al despido;

– determinar si existe un panorama indiciario discriminatorio de que el móvil del despido ha sido la enfermedad (conexión causal entre la enfermedad y la decisión empresarial); y

– en caso afirmativo, determinar si el empresario ha aportado una justificación objetiva y razonable que excluya la causa discriminatoria. Si no desvirtúan los indicios, se sanciona la actuación empresarial con la nulidad; si se desvirtúan los indicios, la actuación empresarial puede ser válida o inválida.

✓ Es importante considerar los efectos que la prohibición de no discriminar por razón de enfermedad o condición de salud puede generar en la **gestión empresarial**. Especialmente en relación con el acceso al empleo, el período de prueba, el desarrollo de la relación laboral y condiciones de trabajo, y el despido.

✓ Si bien la L 15/2022 art.6.1.a califica de **discriminación directa** la denegación de ajustes razonables únicamente en el supuesto de las personas con discapacidad, consideramos que los ajustes razonables deben implementarse tanto en los supuestos de personas discapacitadas como personas con enfermedad o estado de salud susceptible de protección. Respecto de la razonabilidad del ajuste, la misma debe entenderse en un sentido amplio, aunque condicionada al límite de la excesiva carga al empleador.

✓ En el **caso de los despidos** en los que se alegue discriminación por razón de enfermedad o condición de salud:

– si la persona trabajadora aporta indicios fundados y el empleador no aporta justificación objetiva y razonable que excluya la causa discriminatoria, se declara la nulidad del despido; y

– si la persona trabajadora no aporta indicios fundados que justifique el desplazamiento de la carga probatoria a la empresa, se puede declarar la procedencia o improcedencia del despido. **3455** (sigue)

Capítulo 6. Garantía de indemnidad

4500

1. Concepto y origen

La indemnidad es, según el diccionario de la RAE, «el estado o situación de quien está libre de daño o perjuicio». 4505

En el ámbito laboral, esta definición adquiere connotaciones similares, pues la garantía de indemnidad pretende evitar cualquier sanción o represalia impuesta por el empresario al trabajador a consecuencia de una acción practicada por este en reclamación de sus derechos.

Origen La primera vez que el TCo acuñó el concepto de lo que hoy en día se conoce como garantía de indemnidad se remonta a la sentencia TCo que resuelve el recurso de amparo interpuesto por la redactora de la revista «Comunidad Escolar», publicada por el Ministerio de Educación y Ciencia, que coordinaba su redacción, seleccionando artículos y fotos, sin haber sido contratada como personal laboral (TCo 14/1993). La redactora reclama al Ministerio el **reconocimiento de una relación laboral** indefinida que le es denegada y, a los 15 días recibe comunicación en la que, haciendo referencia a los reiterados escritos dirigidos por ella, aludiendo al carácter laboral de su relación contractual, se le notificaba la improcedencia de su pretensión y que tal actitud transgredía la buena fe contractual así como que, a partir de esa fecha se abstuviera de enviar trabajos originales y, en consecuencia, de comparecer en los locales de la publicación. Como dice la sentencia, de forma «expresa –y torpemente se reconoce que el único motivo del cese es su recurso a los Tribunales y la formulación de determinada reivindicación laboral de una calidad que no se le reconoce». La demanda es estimada en instancia declarándose la nulidad radical del despido, pero es revocada por el TCT que declara la improcedencia. El recurso de amparo se fundamenta en la **vulneración de la tutela judicial efectiva** (Const art.24.1), y concluye diciendo: 4510

> «La tutela judicial efectiva no solo se satisface mediante la actuación de los Jueces y Tribunales, sino también a través de la garantía de indemnidad. Esto significa que del ejercicio de la acción judicial o de los actos preparatorios o previos al mismo no pueden seguirse consecuencias perjudiciales en el ámbito de las relaciones públicas o privadas para la persona que los protagoniza. En el

ámbito de las relaciones laborales, la garantía de indemnidad se traduce en la imposibilidad de adoptar medidas de represalia derivadas del ejercicio por el trabajador de la tutela de sus derechos» (TCo 14/1993).

Aunque la garantía de indemnidad surge del derecho de tutela judicial efectiva, pronto, en su evolución jurisprudencial, se emancipa de sus orígenes, dando lugar a una **garantía adicional** para los trabajadores, además de la protección de sus derechos por los jueces y tribunales.

2. Regulación

4520 No existe una regulación específica de la garantía de indemnidad. Es una más de las creaciones de la jurisprudencia del TCo extraída de la Const art.24.1: «todas las personas tienen derecho a obtener la tutela efectiva de los jueces y tribunales en el ejercicio de sus derechos e intereses legítimos, sin que, en ningún caso, pueda producirse indefensión».

PRECISIONES La tutela judicial efectiva es el derecho que se invoca en mayor número de ocasiones y sobre el que se ha elaborado mayor jurisprudencia constitucional (Antonio Folgoso Olmo, ver Bibliografía). El profesor Luis Diez Picazo-Ponce de León, identifica este derecho como un **«derecho Estrella»** («Notas sobre el derecho a la tutela judicial efectiva», ver Bibliografía).

4525 **Precedentes** El antiguo RDL sobre Relaciones de Trabajo recogía una protección similar pero desde un enfoque distinto (RDL 17/1977 art.32.c). En lugar de prohibir la conducta (no se puede discriminar), anulaba sus efectos diciendo que no podría ser causa justificada para el despido la **presentación de quejas o reclamaciones** frente al empresario por sus incumplimientos en materia laboral. Sin embargo, la protección conllevaba la improcedencia del despido. Con la entrada en vigor en 1980 del Estatuto de los trabajadores, queda derogado el RDL 17/1977, norma inicialmente no recogía ninguna referencia a la consecuencia de los despidos vulneradores de derechos fundamentales.

Esta cuestión la soluciona el **Tribunal Constitucional**:

1. **TCo 38/1981**: resuelve el recurso de amparo planteado por dos trabajadores del Sindicato Andaluz de Trabajadores, que tras ser elegidos en unas elecciones sindicales, son despedidos alegando la empresa causas económicas para el despido. Esta sentencia fue la **primera** que declaró la existencia de un **despido nulo por vulnerar derechos fundamentales**, disponiendo que debía restablecerse «a los recurrentes en la integridad de su derecho o libertad, para lo cual deberían ser admitidos en la empresa, con todo lo demás que procede en los casos de despido nulo, con nulidad radical». Así y, pese a que el ET no preveía en ese momento de forma expresa la nulidad del despido para estos supuestos, el TCo se encargó de resolver esta cuestión, al considerar que la improcedencia en estos casos no resarcía lo que consideraba «un plus de injusticia», desarrollando la figura del llamado **despido discriminatorio**, que era calificado de radicalmente nulo por lesionar los derechos fundamentales del trabajador.

2. **TCo 47/1985, 104/1987, 166/1988 y 114/1989**: estas sentencias posteriores declaran igualmente los despidos como radicalmente nulos como consecuencia de la vulneración de otros derechos fundamentales, tales como la libertad de expresión o la libertad sindical.

Igual consecuencia establecía el **Convenio OIT núm 158** (22-6-1982), sobre la Terminación de la Relación de Trabajo por iniciativa del Empleador, ratificado por España el 18-2-1985, en su art.5.c), al excluir de las causas válidas de terminación del contrato «el haber planteado una queja o haber participado en un procedimiento entablado contra el empleador por supuestas violaciones de Leyes o reglamentos o haber presentado un recurso ante las autoridades administrativas competentes». 4530

Con la derogada Ley de Procedimiento Laboral se fragua la conexión del despido como represalia por acciones judiciales frente al empresario, con la nulidad por vulneración de la tutela judicial efectiva (actual LRJS art.108.2).

Estos precedentes llevan a la sentencia TCo 14/1993 que resuelve la cuestión acerca de las **consecuencias** que tiene que tener la conducta de un empresario de represalia por las reclamaciones judiciales formuladas por un trabajador frente a él. Crea el concepto de la **garantía de indemnidad**, huyendo del concepto de despido nulo por fraude de ley, que había guarecido temporalmente las consecuencias del despido como represalia, declarando que su vulneración conlleva la vulneración del derecho a la tutela judicial efectiva en lo relativo al acceso al conocimiento por jueces y tribunales de los derechos legítimos de un trabajador, siendo la consecuencia, la nulidad.

El anterior RDLeg 1/1995 (ET/95) ya incluía la nulidad del despido que se produjera con vulneración de derechos fundamentales o cuyo móvil fuera alguna de las causas de discriminación prohibidas en la Constitución, redacción que permanece en el ET art.55.5. Así como en la LRJS art.108.2.

Otras referencias normativas Existen otras referencias normativas a la prohibición de sufrir perjuicios: 4535

a) Indemnidad frente a represalias: se considera discriminación por razón de sexo cualquier trato adverso o efecto negativo que se produzca en una persona como consecuencia de la presentación por su parte de queja, reclamación, denuncia, demanda o recurso, de cualquier tipo, destinados a impedir su discriminación y a exigir el cumplimiento efectivo del principio de igualdad de trato entre mujeres y hombres (LO 3/2007 art.9).

b) Los trabajadores no pueden sufrir perjuicio alguno derivado de la adopción de las medidas de **interrupción de la actividad laboral** ante la existencia de riesgos graves e inminentes (LPRL art.21.4).

c) Prohibición de represalias: se prohíben expresamente los actos constitutivos de represalia, incluidas las amenazas y tentativas de represalia contra las personas que presenten una comunicación conforme a lo previsto en la L 2/2023 (L 2/2023 art.36: «Ley del Informante»).

3. Elementos objetivos

La protección suministrada por la garantía de la indemnidad es, a día de hoy, amplísima, lo cual se debe en gran medida a la labor realizada por los jueces y tribunales en su análisis e interpretación de esta figura, ensanchando sus límites en el qué, el cómo y el porqué, convirtiendo la garantía de indemnidad en un instrumento tanto reparador como preventivo. 4550

La pregunta a hacerse es **qué conductas** desencadenan reacciones de las que hay que proteger a las personas trabajadoras y **cómo se entiende** vulnerada la tutela

judicial efectiva (formas de imponer medidas represivas). Esta figura se conforma con tres elementos:
- el desencadenante (nº 4560),
- la represalia (nº 4650) y
- el hilo conductor (nº 4730).

a. Detonante o conducta desencadenante

4560 La existencia de una reclamación realizada por el trabajador en reclamación de sus derechos es el llamado «desencadenante».

Aunque inicialmente la protección a la persona trabajadora que reivindicaba sus derechos estaba unida a la tutela judicial efectiva, y por tanto, el desencadenante de la protección es la interposición de una reclamación judicial, a través de la garantía de indemnidad se han perfilado otros desencadenantes por otro tipo de actos diferentes aunque con la **misma finalidad** de reclamar al empresario el cumplimiento de sus obligaciones. Actos tales como:
- reclamaciones administrativas previas,
- denuncias a la Inspección de Trabajo,
- reclamaciones o quejas directamente al empresario,
- denuncias a través del canal de denuncias o incluso
- tentativa de hacer esas denuncias.

No parece que sea exigible ninguna **forma** concreta para trasladar estas quejas al empresario, pudiendo ser tanto verbales, como escritas, utilizando los actuales medios de comunicación tales como el correo electrónico, el WhatsApp, o las redes sociales. No se debe confundir el traslado de una reclamación que es lo que tiene potencial para activar la garantía de indemnidad, con la libertad de expresión. Esta última está protegida por sí misma en la Const art.20, fuera de la garantía de indemnidad.

4565 Para que la reclamación tenga ese **principio activador**, deben darse unos requisitos:

a) **tiene que haber llegado al empresario o al sujeto represor**, sin olvidar que en materia de derechos fundamentales se admite la prueba de indicios;

b) debe tratarse de la **reclamación de un derecho** y,

c) debe **«deducirse»** que se trata de un paso previo antes de acudir finalmente a los tribunales (palabras del TCo 55/2004).

El Tribunal Constitucional siembra la semilla para el florecimiento de una **garantía de indemnidad amplia** desde la perspectiva del «desencadenante» más allá de la mera reclamación judicial (TCo 14/1993: en concreto despliega sus efectos a raíz de una reclamación administrativa previa).

4570 **Acción judicial por el trabajador** Se ejercita con independencia del orden jurisdiccional en el que se actúe y del tipo de tutela solicitada, así como en cualquier fase del procedimiento, incluyendo la presentación de actos preparatorios o diligencias preliminares previstas en la LRJS art.76 a 79 (por ejemplo, represalia por denuncia penal: TSJ Madrid cont-adm 22-4-21, EDJ 601105).

Respecto al ejercicio de una acción individual, pueden citarse, entre otras sentencias: TCo 199/2000, FJ 4; 198/2001; 5/2003, FJ 7; 55/2004, FJ 2; 87/2004, FJ 2 y 16/2006.

Acción judicial colectiva La demanda de conflicto colectivo interpuesta **4575**
por el **Sindicato** puede propiciar ese desencadenante.

Como ejemplo, el despido de los trabajadores, veterinarios contratados en campañas de saneamiento ganadero, tras interponer demanda de **conflicto colectivo** reclamando reconocimiento de relación laboral, a los que no se les renueva después de sucesivas campañas, alegando la Administración la necesidad de contratar a una empresa pública más eficaz para la prestación del servicio (TCo Pleno 16/2006 con voto particular).

Entre otras: TCo 44/2006 y 65/2006.

Reclamación administrativa previa El TCo recuerda que «la vulneración **4580**
del derecho a la **tutela judicial efectiva** no solo se produce por irregularidades acaecidas dentro del proceso que ocasionen privación de garantías procesales, sino que tal derecho puede verse lesionado igualmente cuando su ejercicio, o la realización por el trabajador de actos preparatorios o previos necesarios para el ejercicio de una acción judicial, produzca como consecuencia una conducta de represalias por parte del empresario» (TCo 38/2005; también TCo 14/1993).

La garantía de indemnidad se extiende al momento de la presentación de la **papeleta de conciliación**, como acto previo y necesario para el ejercicio de la acción judicial contra la empresa (TCo 140/1999, FJ 4). Entre otras, TSJ Asturias 19-7-16, EDJ 146397.

Denuncia a la Inspección de Trabajo Como ejemplos: **4585**

– Una trabajadora viene prestando servicios para la empresa como limpiadora, con contrato indefinido a tiempo parcial; presentó denuncia ante la Inspección de Trabajo porque no le abonaba todas las horas de su jornada de trabajo, compareciendo la Inspección de Trabajo en el centro y, procediendo la empresa al **despido de la trabajadora** dos días después, mediante despido disciplinario, reconociendo la improcedencia del mismo al día siguiente (TSJ Castilla y León 26-9-05, EDJ 156525).

– Existe entre la actuación de la Inspección de Trabajo por denuncia de la actora y su cese, no ya **proximidad temporal**, sino inmediación de un día para otro, sin que tal indicio de represalia haya sido eficazmente contrarrestado por la parte contraria (TS 23-12-10, EDJ 309201). Entre otras, TCo 198/2001; 120/2006; 138/2006; TSJ Las Palmas 28-4-06, EDJ 78932; TSJ Cataluña 13-10-22, EDJ 738617; TSJ Madrid 11-5-18, EDJ 541073; TSJ Asturias 22-1-19.

– Si la denuncia presentada por el trabajador ante la Inspección de Trabajo se considera **indicio de violación de la garantía de indemnidad**, como también la queja presentada ante una institución (Justicia de Aragón), tuitiva de los derechos y libertades de los ciudadanos (TSJ Aragón 16-10-13, EDJ 263268).

Queja frente al empresario Como regla general, las reclamaciones inter- **4590**
nas en el seno de la empresa no activan la garantía de indemnidad.

Sin embargo, el Tribunal Supremo declara nulo el despido de un trabajador que con anterioridad a su despido había remitido WhatsApp al empresario que incluía una relación de **horas extraordinarias**, y días después expresó su desacuerdo respecto de que ni figurase ni se le abonase el exceso de jornada (TS Pleno 15-11-22, EDJ 749622).

Entre otras, TSJ Canarias 18-4-08; 7-5-08.

4595 **Queja ante los representantes de los trabajadores** Algunos **convenios colectivos** establecen cláusulas que fomentan que los trabajadores presenten sus reclamaciones ante los representantes de los trabajadores con carácter previo a acudir a la Inspección de Trabajo o a los Tribunales.

Como ejemplos: el CCol de la actividad de alfarería de La Rioja art.58 (Código 26000025011981), el de yeso y la escayola (Código 0401725) o el de la construcción (Código 99005585011900).

4600 **Manifestación de intención de denunciar o reclamación de abogados** Quedan **amparados** por la garantía aquellos actos previos al propio proceso judicial que, sin venir impuestos por el ordenamiento laboral y no siendo necesarios para abrir el proceso, son realizados por el trabajador para tratar de evitar la judicialización del conflicto y encontrar una solución amistosa. Como ejemplos:

a) el trabajador despedido como represalia por la carta que su abogado remitió a su empresa con la finalidad de evitar acudir a la vía judicial y plantear reclamación sobre la explotación ilegal de una **patente** cuya invención pertenecía al trabajador (TCo 55/2004).

b) la petición de informe en materia de **clasificación profesional** al Comité de Empresa y presentación de tal solicitud en el centro de la empresa, quien, desde ese momento conoce la reivindicación del trabajador y su discrepancia en cuanto a la categoría que tenía asignada y su intención de demandar a la compañía, motivo por el que había solicitado el informe (TSJ Madrid 3-11-17, EDJ 272340).

En contra:

– la pretensión del recurrente de comparecer ante el Servicio de Control de Juegos de Azar con la finalidad de **comunicar la irregularidad** advertida, no fue obstaculizada en ningún momento ni tampoco puede inferirse que constituyese, como medida de represalia de la empresa, el motivo de despido, producido por su comportamiento poco profesional, en atención a su categoría laboral, durante la noche en que sucedieron los hechos (TCo 198/2001).

– la reclamación verbal o protagonismo del trabajador en reuniones reivindicativas (TSJ Canarias 4-9-06).

4610 **Participación en una huelga** Se ha entendido que la garantía de indemnidad de los trabajadores en el ejercicio de su derecho de huelga se mantiene en los supuestos de subcontratación laboral, siendo responsables de las **actuaciones lesivas** del derecho de huelga tanto el contratista, como el empresario principal (TCo 75/2010; 112/2010).

Son nulos:

– los despidos que se vinculan a la participación en una huelga y carecen de otra causa (TS 31-5-22, EDJ 600096; 18-6-12, EDJ 154967; TSJ Cataluña 18-7-18, EDJ 604456).

– cuando el despido es represalia por participar en una huelga que fue declarada ilegal por la AN en instancia, pero legal por sentencia del TS (TS 30-3-16, EDJ 75318; TCo 75/2010).

Acudir como testigo a juicio de un compañero Se trata de la protección del testigo: trabajador que declara contra el empresario en un procedimiento seguido a instancias de otro trabajador. El Tribunal Constitucional establece que la declaración de un **testigo en un juicio** ha de tener el mismo trato que una reclamación judicial, ya que el prestar declaración como testigo constituye un deber previsto genéricamente en la Const art.118 y en otras disposiciones que obligan a la colaboración con la justicia, y por tanto constituye un indicio (TCo 197/1998). 4615

Pueden citarse **otras sentencias**, como: TCo 197/2008; TSJ Asturias 16-3-12, EDJ 41786; TSJ Madrid 7-7-17, EDJ 175088; JS Eivissa núm 1 8-2-21. **En contra**, TSJ Galicia 20-4-01, EDJ 15033.

Negativa a aceptar una modificación sustancial de condiciones de trabajo En este sentido: 4620

1. El TS declara nula la inclusión de los trabajadores en el **ERE** por vulnerarse la garantía de indemnidad con su inclusión, ya que se les ofreció continuar un año más en la empresa si renunciaban a las cláusulas contractuales que mejoraban sus indemnizaciones, o incluirles en el expediente si no lo hacían (TS 10-2-15, EDJ 37719).

2. En sentido contrario, en el TSJ Valladolid la demandada procedió al despido de la demandante después de que esta se negase a la modificación de su **horario de trabajo**, pero no medió ninguna reclamación judicial o extrajudicial ni actos preparatorios que motivasen la reacción empresarial. No puede, por tanto, hablarse de represalia por el ejercicio de los derechos derivados de la Const art.24 (TSJ Valladolid 12-9-19, EDJ 697758).

Solicitud de medida de conciliación de la vida laboral y familiar (TSJ Cataluña 21-10-21, EDJ 783627) Existe extinción contractual sin causa tras comunicar el trabajador a la empresa la intención de reducir su jornada laboral por motivos de guarda legal. 4625

Denuncia en el protocolo de acoso Los protocolos de acoso recogen habitualmente cláusulas de protección de los denunciantes frente a cualquier represalia por la utilización del protocolo, salvo en los casos de denuncias falsas. 4630

b. Represalia o reacción represiva

Entre los posibles pronunciamientos de la sentencia que dictada en un procedimiento de vulneración de derechos fundamentales, se menciona expresamente que ordenará el cese inmediato de la actuación contraria al derecho fundamental o la prohibición de interrumpir una conducta o la obligación de realizar la actividad omitida (LRJS art.182). 4650

1. En sentencia **TCo 14/1993**, se deja marcada la **línea expansionista** en relación con las conductas que pueden considerarse represalias. Establece que:

– La garantía de indemnidad no debía afectar exclusivamente a los supuestos en que la represalia fuese el despido, sino a cualesquiera otras **actuaciones empresariales perjudiciales** para el trabajador.

– Aclara que la actuación anticonstitucional no tiene por qué limitarse a los supuestos que dificulten el acceso al proceso, sino también en los que se ejecute tras el ejercicio de tal derecho, como **reacción** al mismo.

– Deja ya sentadas las bases de otra gran transformación que no hará más que consolidarse sobre el **alcance** de las represalias.

2. El **TCo 6/2011** señala que la vulneración de la Const art.24.1 se puede producir en un doble plano: las **lesiones intencionales y las lesiones objetivas** contrarias a la garantía de indemnidad.

3. La Ley de Protección al Informante (L 2/2023) describe **conductas muy concretas** que constituirían represalias, incluidas las amenazas de represalias y las tentativas de represalias contra los informantes, tales como:

– la suspensión del contrato, despido o extinción de la relación laboral, adopción de medidas disciplinarias, degradación, denegación de ascensos, modificación sustancial de condiciones, no conversión de contrato temporal en indefinido;

– daños, incluidos los reputacionales;

– evaluaciones o referencias negativas al desempeño laboral;

– denegación o anulación de una licencia o permiso;

– denegación de formación;

– discriminación o trato desfavorable o injusto.

4660 Conductas que abarcan desde la decisión empresarial más radical como es el despido o la extinción de contratos temporales (TCo 16/2006 y TSJ Canarias 6-6-06), ampliándose también a supuestos de no renovación del *iter contractual* (TS 18-2-08 o TSJ Canarias 15-10-08), o a reacciones de menor calado.

4665 **Impedir el acceso al empleo** Se estima la demanda de un gruista, afiliado a CCOO, que solicita su ingreso en la Sociedad de Estiba en los muelles de Castellón, controlada por otro Sindicato, que provoca que no se le contrate (TCo 183/2007).

4670 **No superación del periodo de prueba** Se protege en estas situaciones a las trabajadoras por razón de **embarazo**, desde la fecha de inicio del embarazo hasta el comienzo del período de suspensión a que se refiere el ET art.48.4, o maternidad, salvo que concurran motivos no relacionados con el embarazo o maternidad (ET art.14.3 –redacc L 4/2023).

Entre otras sentencias: TSJ Madrid 19-12-18, EDJ 717627 –no superación del periodo de prueba–; TCo 166/1988.

4675 **No renovación contrato temporal** Algunos supuestos: TCo 173/1994; TS 18-4-22, EDJ 549462.

– En cuanto a la finalización de la relación establecida entre las partes y que había sido mantenida durante un largo periodo de tiempo a lo largo de sucesivas campañas de saneamiento ganadero: TCo Pleno 19-1-06.

– El TS estima el despido nulo de un trabajador que reclama el renacimiento de personal indefinido no fijo y eso lleva a que la Administración decida cortar el encadenamiento de contrataciones temporales (TS 9-12-21, EDJ 782626).

4680 **No conversión en indefinido** En relación a la transformación de contrato a tiempo parcial en jornada completa a todos los Técnicos de Educación Infantil que tenían reconocida previamente la condición de indefinido no fijo, siendo excluidos los trabajadores que, por tener **contratos temporales fraudulentos**, fueron despedidos de forma declarada judicial improcedente, y posteriormente readmitidos (JS Oviedo núm 5 17-11-20).

Entre otras: TCo 29/2002; TSJ Sevilla 17-5-18, EDJ 535215.

Exclusión de las bolsas de contratación Exclusión de las bolsas de contratación establecidas para el acceso a la contratación temporal en Correos (TCo 6/2011). 4685

Traslado Existe una relación directa entre la discrepancia y el traslado, conexión que no encaja en la inveterada doctrina del TCo sobre la garantía de indemnidad (TSJ Madrid 27-3-06, EDJ 91824). 4690

Respecto a la proximidad cronológica entre las reclamaciones ante la Inspección de Trabajo y el traslado: TSJ Madrid 27-5-13, EDJ 167576.

Otras sentencias: TSJ C.Valenciana 5-6-12, EDJ 191344.

Cambio de funciones Constituye lesión de la garantía de indemnidad la decisión empresarial de dejar de encomendar determinadas **tareas al trabajador** y de percibir el **complemento** correspondiente e injustificadamente a los actores de las actividades de **voluntariado** que venían desempeñando, fuese cual fuese el carácter de las mismas, y que lo hizo con una inmediación temporal evidentísima en relación con los procedimientos judiciales instados por los trabajadores (TS 6-721, EDJ 634638). 4695

Reducción salarial Algunos supuestos son: 4700

a) Fruto de una reclamación sobre su **categoría profesional**: se le cambia de distrito, se le quita el vehículo y el complemento salarial (TSJ Cataluña 28-4-17, EDJ 138426).

b) El cese en el abono del **complemento de antigüedad**, a raíz de haber presentado la trabajadora una papeleta de conciliación por reclamación de horas extras, es un claro indicio de vulneración de la garantía de indemnidad, sumado a la circunstancia de que la empresa deje de abonar puntualmente el salario solo a la demandante y no al resto de los trabajadores de la empresa (TSJ Asturias 16-11-12, EDJ 280904).

Readmisión irregular Represalia empresarial tras la reclamación por despido y reconocimiento del carácter de fija, acordado en **conciliación judicial**: readmisión de la actora con notorias diferencias retributivas respecto del personal masculino, realizando idénticas funciones, en igualdad de condiciones y de categoría profesional (cobradora de peaje en autopista), así como falta de reconocimiento de antigüedad, y privación a la misma de la posibilidad de trabajo en turno de noche, con sus correspondientes complementos (TSJ Asturias 20-11-19). 4705

Cese en puesto de libre designación Represalia por la denuncia penal presentada en relación con conductas presuntamente delictivas de las que el recurrente que tuvo conocimiento y cometidas en el seno de la Administración en la que presta sus servicios (TSJ Madrid cont-adm 22-4-21, EDJ 601105). 4710

Sanción Se establece sanción de 31 días de suspensión de empleo y sueldo por la comisión de una falta muy grave, tras presentar denuncia ante la Inspección de Trabajo por **acoso** y conducta humillante contra la empresa, la encargada y el jefe de servicio, por obligar a la misma y a otras compañeras a desnudarse y cambiarse de ropa en los vestuarios existentes en la planta sótano del Concello con la puerta abierta, donde son observadas tanto por la encargada como por 4715 los otros trabajadores que en ese momento están realizando servicios en el lugar (TSJ Galicia 12-4-22). También TSJ Cataluña 13-6-22.

c. Hilo conductor o conexión

4730 Como lo denomina el TCo, el hilo conductor es el «nexo de causalidad», es decir, es la conexión lógica entre ambos elementos, que conlleva un comportamiento antijurídico.

El elemento intencional es irrelevante, bastando constatar la presencia de un **nexo de causalidad** adecuado entre el comportamiento antijurídico y el resultado prohibido por la norma. Es decir, entre el desencadenante y la represalia.

No es necesaria la presencia de dolo o culpa en la conducta del sujeto infractor para que se estime la existencia de vulneración de derechos fundamentales (TCo 6/2011; TCo 1-1-98; 124/1998; 126/1998; 225/2001 26-11-01; 66/2002; 80/2005).

A sensu contrario, ante los indicios aportados por el trabajador se invierte la **carga de la prueba** y el empresario ha de acreditar que no existen tales indicios o bien que carecen de enlace con la conclusión conexa. Si el empresario es capaz de acreditar tal desconexión resulta irrelevante la calificación jurídica que la causa laboral alegada por el mismo merezca desde el prisma de la legalidad ordinaria (TCo Pleno 183/2015; 38/2005).

4735 **Nexo temporal** Uno de los elementos habituales a los que acuden los tribunales para poder establecer la conexión entre el detonante y la represalia es el nexo temporal, que puede actuar como **indicio** como en las siguientes sentencias:

a) en el que la empresa despidió disciplinariamente al trabajador (reconociendo la improcedencia) el mismo día en el que le fue notificada una sentencia adversa por **modificación sustancial de condiciones de trabajo** (TSJ Canarias 6-9-07); o

b) el despido disciplinario reconocido como improcedente, efectuado el mismo día del **intento de conciliación** ante el SEMAC, al resultar este frustrado (TSJ Canarias 16-7-07).

O como **contraindicio**, mal puede tildarse de represalia un despido disciplinario, aun reconociéndose la improcedencia.

La sentencia TCo 14/1993 también se refiere a este aspecto al hacer referencia al ámbito en que la violación se puede producir (el curso procesal) en un marco absolutamente alejado de detonante, puesto que la violación puede tener lugar en cualquier momento posterior al ejercicio del derecho, incluso, en ocasiones, cuando el trabajador ya ha obtenido una resolución judicial, sea favorable o no, a sus intereses.

c) si la **queja** de los trabajadores, que no se revela como «previa» a una decisión empresarial extintiva, eso impide que la conexión temporal, aunque cierta (al ser el escrito anterior a la efectiva extinción de los contratos), adquiera la relevancia constitucional indiciaria para calificar de represalia una actuación empresarial posterior a la interposición de demandas o reclamaciones (TCo auto 215/05).

d) existe una **conexión temporal** clara entre el ejercicio de los derechos de la actora y la vulneración de los mismos mediante una contratación efímera, indicios que dan lugar a la inversión de la carga de la prueba, y por tanto es necesario que la empresa acredite motivos suficientes para que puedan apreciarse deficiencias en el trabajo de la actora que den lugar a la no superación del periodo de prueba (TSJ Madrid 19-12-18, EDJ 717627).

Viabilidad de la reivindicación Este elemento también puede actuar o no como hilo conductor. Así, el TS toma en consideración el resultado desestimatorio de las demandas anteriores al despido, para «negar la existencia de indicios de vulneración del derecho a la garantía de indemnidad» (TS 12-9-09) o que el trabajador hubiera desistido de la demanda (TSJ Sevilla 21-12-22, EDJ 786550); o incluso si la reivindicación es de un aspecto menor o de poca afectación para la empresa. **4740**

Falta de objetividad de la acción empresarial Son un eficaz hilo conductor: **4745**

a) aquellas **reacciones empresariales** carentes de total fundamento; o

b) **cartas de despido** en las que:

- no se expresan incumplimientos algunos, o
- están claramente prescritos, o
- en las que se reconoce inmediatamente la improcedencia, o
- respecto de los que la empresa si quiera intenta practicar prueba alguna.

Medidas aplicadas a determinados trabajadores Se trata de medidas posiblemente generales, aplicadas de forma aislada a determinados trabajadores. Como la transformación por el Ayuntamiento de la relación laboral parcial en relación a tiempo completo aplicada exclusivamente a aquellos trabajadores que disponían de una sentencia o resolución municipal que las declaraba indefinidos no fijos, y no a los que, con contratos temporales fraudulentos, fueron despedidos de manera improcedente y posteriormente readmitidos (TSJ Asturias 7-7-20). **4750**

4. Elementos subjetivos

En el siguiente epígrafe se analiza el sujeto beneficiario de la garantía (nº 4780) y el sujeto represor (nº 4770), como elementos subjetivos de la garantía de indemnidad. **4770**

a. Sujeto beneficiario de la garantía

Aunque inicialmente la garantía de indemnidad parecía estar reservada al propio trabajador cuando ejercitara acciones reivindicativas de sus derechos y sufriera por ello represalias (TSJ Málaga 26-11-15, núm 1814/15), lo cierto es que la jurisprudencia ha ido ampliando el concepto de sujeto detonador de la garantía de indemnidad, que ya no siempre ha de corresponderse con el beneficiario de la garantía, como tampoco ya es exclusiva la condición de sujeto represaliado de la persona trabajadora, pudiendo afectar la represalia también a **terceras personas**, vinculadas a la persona trabajadora por una relación de amistad, familiar, de afinidad o simplemente de proximidad. **4780**

Cuando se habla de la legitimación activa para el **proceso de tutela**, la LRJS lo deja claro cuando señala que en aquellos casos en los que corresponda al trabajador, como «sujeto lesionado», dando a entender que el lesionado puede ser alguien distinto del trabajador (LRJS art.177.2).

Como ejemplo, en el TSJ Galicia de 31-1-12 la actuación empresarial comportó un evidente indicio de que el despido de la demandante respondió a una represalia frente a la dificultad o imposibilidad de despedir a su hermana embarazada (TSJ Galicia 31-1-12, EDJ 14084).

4785 Por **beneficiario** de la garantía de indemnidad se entiende cualquier trabajador, con independencia de la naturaleza de su relación o la modalidad de su contratación, empleados públicos o privados, o incluso empleados de subcontratas (TCo 75/2010; 112/2010).

Otros sujetos activadores de la garantía de indemnidad admitidos por los tribunales son los **representantes de los trabajadores** tanto unitarios como sindicales, o también **abogados**, o incluso **familiares** de la persona trabajadora u otros trabajadores que actúan en nombre del trabajador.

Como supuesto, una empleada que denuncia la existencia de una actuación discriminatoria frente a otra trabajadora distinta (que no había sido contratada porque estaba embarazada), es despedida por ello (TJUE 20-6-19, asunto C-404/18). Esto hoy en día estaría amparado expresamente por la L 2/2023, de protección del informante y conectaría con la figura de la discriminación por asociación, analizada anteriormente.

También, la imposición al actor de una sanción como consecuencia de la reclamación judicial formulada por su **esposa y compañera de trabajo** constituiría una vulneración de la garantía de indemnidad (TSJ Sevilla 21-7-21, EDJ 732793).

O se amplía la protección cuando la reivindicación la realiza un **tercero ajeno a la empresa** pero por cuenta de un trabajador (TSJ Canarias 17-12-07); así, se aplica la garantía de indemnidad en el caso de un **Asesor Sindical** (no trabajador de la empresa) que reclamó a la empresa para que a la trabajadora se le aplicara un Convenio Colectivo más favorable (TSJ Galicia 14-10-20, EDJ 718421).

4790 El trabajador quedaría protegido por la garantía de indemnidad incluso si la reclamación la ha realizado un tercero sin su conocimiento o incluso, en contra de su voluntad. Este supuesto podría suceder, por ejemplo, en los **procedimientos colectivos** ya sea en un conflicto colectivo que presentan los representantes sindicales sin precisar la conformidad de los trabajadores afectados por el conflicto o en los procedimientos de oficio iniciados por la Inspección de Trabajo frente a la empresa, de los que se puede beneficiar la persona trabajadora aunque no haya sido quien haya realizado la denuncia a la Inspección de Trabajo (TCo Pleno 16/2006).

Respecto a la reclamación por parte del **Comité de Empresa** relativa a derechos laborales de –entre otros trabajadores–, el actor, en la medida en que ha afectado al mismo, pues a raíz de esta la **Inspección de Trabajo** requirió a la empresa empleadora para la transformación de los contratos temporales, entre los que se encontraba el del actor. Debe entenderse protegido por eventuales actuaciones del empresario que se manifiesten como reacción de aquella reclamación y, particularmente, a la actuación Inspectora derivada de aquella (TSJ Cataluña 21-11-13, EDJ 247753).

El **anuncio sindical** de ejercicio de acciones contra la empresa con el trabajador identificado como tal, el conocimiento por esta, la proximidad temporal del despido y, en fin, la absoluta inconcreción de los hechos en la carta de despido disciplinaria, abonan un panorama indiciario más que suficiente para exigir de la empresa la prueba que lleve a la convicción del juzgador/a de que las causas que aduce para sustentar la decisión adoptada quedan desligadas y son por completo ajenas al factor protegido (TSJ Cataluña 23-9-21, EDJ 783419).

En **sentido contrario**: «también se hace referencia a que otros trabajadores han presentado la misma demanda que tampoco se aporta a las actuaciones, sin perjuicio de que, lo que hayan podido hacer otros trabajadores, no afecta a la actora» (JS Burgos 21-4-23 núm 3, EDJ 590368).

Contrato de trabajo en vigor Otro aspecto en el que también ha evolu- **4800**
cionado la jurisprudencia es el relativo a si para ser beneficiario de la garantía de indemnidad, el contrato de trabajo de la persona trabajadora tiene que seguir en vigor cuando se produce la represalia.

En un principio, los tribunales consideraban que cuando el contrato ya se ha extinguido, en ese caso ninguna represalia puede tomar el empresario contra el trabajador dentro del ámbito de relación inexistente contra quien no es ya su empleado, ni tiene pleito pendiente contra él (TS 9-3-07, EDJ 23375; TSJ Extremadura 9-4-19, EDJ 575178).

Sin embargo, **en sentido contrario**, el TSJ Cataluña establece que no es preciso que la medida establecida como represalia tenga lugar durante la vigencia del contrato, sino que la garantía de indemnidad incluso alcanza a los supuestos en que la ilegítima decisión empresarial se materializa en la falta de contratación posterior al ejercicio de las acciones judiciales (TSJ Cataluña 28-4-17, EDJ 138426).

La Ley de Protección al informante hace una relación bastante amplia de los **4805**
posibles **sujetos beneficiarios** de la protección de la garantía de indemnidad, extendiendo sus efectos no solo a trabajadores, sino también extrabajadores, voluntarios, becarios, trabajadores en periodos de formación con independencia de que perciban o no una remuneración, así como a aquellos cuya relación laboral todavía no haya comenzado, en los casos en que la información sobre infracciones haya sido obtenida durante el proceso de selección o de negociación precontractual (L 2/2023).

También identifica quiénes pueden ser beneficiarios de esa **protección de forma indirecta**:

– representantes legales de las personas trabajadoras en el ejercicio de sus funciones de asesoramiento y apoyo al informante,

– personas físicas que, en el marco de la organización en la que preste servicios el informante, asistan al mismo en el proceso,

– personas físicas que estén relacionadas con el informante y que puedan sufrir represalias, como compañeros de trabajo o familiares del informante, y

– personas jurídicas, para las que trabaje o con las que mantenga cualquier otro tipo de relación en un contexto laboral o en las que ostente una participación significativa.

Colectivos con garantías de indemnidad específicas Estos son: **4810**

1. Personas trabajadoras en situaciones relacionadas con el nacimiento y cuidado del menor, o medidas de **conciliación de la vida laboral o familiar** (ET art.37.3.b –redacc RDL 5/2023–, 37.4 –redacc RDL 5/2023–, 37.5 y 37.6 –redacc RDL 2/2023–, 34.8 –redacc RDL 5/2023– o 46.3 –redacc RDL 5/2023) o **víctimas de violencia de género**, previstas en ET art.55.5 apartados a, b y c –redacc RDL 5/2023–, tanto si las están disfrutando, como si las han solicitado, estableciendo incluso un periodo de un año de garantía de indemnidad para las personas trabajadoras que las hayan disfrutado y ya se hayan reintegrado al trabajo durante los doce meses desde el nacimiento, adopción o la guarda, que les **protege frente al despido** con una previsión de calificación de su despido como nulo salvo que se declare procedente.

2. Los **representantes de los trabajadores** gozan de una especial garantía de indemnidad recogida en el ET art.68, de no ser despedidos ni sancionados durante el ejercicio de sus funciones ni dentro del año siguiente a la expiración de su mandato, cuando el despido o sanción se base en la acción del trabajador en el ejercicio de su representación. Protección reforzada también por la previsión de la opción invertida en caso de despido improcedente (ET art.56.4).

3. También gozan de una protección similar, los trabajadores designados para las **tareas preventivas** (LPRL art.30.4), que tampoco pueden sufrir ningún perjuicio derivado de sus actividades de protección y prevención de riesgos laborales en la empresa.

b. Sujeto represor

4825 De la misma manera, el sujeto que lleva a cabo la represalia pudiera ser el empresario, pero también puede venir ejecutada por **otros trabajadores de la empresa** o incluso terceros próximos al mismo, no solo familiares, amigos o incluso otras empresas, ETTs, clientes o proveedores (como ejemplo: TSJ Madrid 15-10-19, EDJ 748907, sobre las UTE).

Cuando se habla de la sentencia que puede dictarse en el **proceso de tutela**, la LRJS establece que se ha de declarar la nulidad radical de la actuación del empleador, asociación patronal, Administración Pública o cualquier otra persona, entidad o corporación pública o privada (LRJS art.182).

PRECISIONES El TCo ampara a un trabajador que perdió su empleo, después de que a su empresa le fuera rescindido el contrato que mantenía con otra tras la huelga que mantuvo con sus compañeros para mejorar las condiciones laborales (TCo Pleno 16-11-10).

5. Elemento temporal

4835 La pregunta a plantear es **hasta cuándo dura** la garantía de indemnidad. Como apunta reconocida doctrina científica: «no puede ser un seguro ilimitado para la prosperidad de cualquier demanda del trabajador» (San Martín Rodríguez).

La Ley de Protección del informante establece una duración de **dos años** (L 2/2023 art.36.4).

Sin embargo, la jurisprudencia estima plazos distintos:

a) El TSJ Madrid la calcula en **hasta un año y medio**: «En el análisis de cualquier supuesto susceptible de ser encuadrado dentro de la protección de la garantía de indemnidad, es imprescindible en todo caso precisar el ámbito temporal entre la reclamación y la presunta represalia. En este sentido, la jurisprudencia no ha definido hasta el momento una línea clara en cuanto al tiempo que debe transcurrir para que la conducta empresarial no sea considerada como represalia, si bien de un análisis de las sentencias más relevantes recaídas en los últimos años en que se contempla la conexión temporal de esta figura, se puede inferir que con carácter general se empieza a dudar de la garantía que asiste al trabajador pasado un año y medio, o más, de la reclamación o acción ejercitada, aunque la experiencia nos dice que debe estudiarse caso por caso.» (TSJ Madrid 7-7-17, EDJ 175088).

b) Sin embargo, el TSJ Galicia establece que pasado **un año** ya no se aplica la garantía de indemnidad: «... y que entre el conocimiento de dicha impugnación y el propio despido medió prácticamente un año, lo que hace difícil, por no decir imposible, establecer un nexo causal o relación directa entre ambos hechos» (TSJ Galicia 13-2-20, EDJ 537524).

6. Desactivación de la garantía de indemnidad

A continuación, se analizan las posibles causas que desactivan la garantía de indemnidad. **4850**

Acreditación de los hechos recogidos en la carta de despido El TCo desestima el amparo en un despido de un trabajador que había presentado una demanda previamente frente a la empresa, porque las demandadas «realizaron actividad probatoria eficaz para demostrar que los hechos imputados en la comunicación de despido acaecieron en la realidad», y que dicha prueba «excluye el torpe móvil» aducido por el recurrente (TCo 7/1993). **4855**

Entre otras, TSJ Galicia 13-10-21, EDJ 778196.

Utilización fraudulenta de la garantía de indemnidad El TSJ Madrid señala que la mera presentación de una reclamación o acción sin fundamento por parte del empleado no debe bloquear el «normal ejercicio de los poderes disciplinarios y de organización de la empresa, pues a esta le basta probar que su decisión, aunque pueda ser discutible desde el punto de vista de la legalidad ordinaria, está basada en motivos reales y consistentes, que no tienen nada que ver con la intención de represaliar al trabajador por la solicitud planteada o el litigio previamente entablado contra la empresa» (TSJ Madrid 7-7-17, EDJ 175088). **4860**

Es lo que la doctrina constitución ha denominado la **reclamación-blindaje**, con ejemplos como cuando:

– el **trabajador temporal** que conoce la naturaleza de su contrato y la fecha de finalización del mismo, antes de la llegada de la misma presenta demanda reclamando que se declare que el contrato es fraudulento, con la finalidad de poder invocar la garantía de indemnidad cuando se le comunique la finalización de su contrato de trabajo; o

– se presenta como **candidato** a las elecciones sindicales; o

– aquellos empleados que, conocedores de la delicada situación en la que se encuentran en la empresa, deciden presentar **cualquier tipo de reclamación**, aun carente de toda razón, con la finalidad de hacerse tributarios de esta garantía en el caso de verse efectivamente afectados por una previsible decisión de la compañía que resulte perjudicial de sus intereses.

No se vulnera la garantía de indemnidad si queda suficientemente desvirtuado el indicio que se deriva de una reclamación extrajudicial del trabajador por la **temporalidad del vínculo**, dado su conocimiento de que finalizaba poco después de que formulara tal reclamación (TS Pleno 26-10-16, EDJ 202737 –voto particular). **4865**

Tampoco cuando el supuesto indicio parece planteado de propósito antes del cese (quizá conocido) y en vacaciones, para preconstituir una **apariencia de lesión** de un derecho fundamental que a juicio del tribunal no ha existido (TS 18-2-08, EDJ 25884).

Y lo mismo ocurre cuando se trata de un pleiteador contumaz, como en el TSJ Asturias, cuando dice que «la mera reiteración de reclamaciones judiciales no es bastante para apreciar indicio vulnerador si su contenido y resultado revelan que el trabajador es **habitual querellante** y accionante por pretensiones absolutamente infundadas o descabellada» (TSJ Asturias 16-12-11).

4870 Sin embargo, para que el informante esté cubierto por la garantía, solo se exige que tenga motivos razonables para pensar que la **información** referida es **veraz** sin necesidad de que aporte pruebas concluyentes (L 2/2023 art.35.a).

Frente a esto, también hay que recordar que nuestros tribunales ya han amparado en determinados casos el **despido procedente** de trabajadores por la realización de **denuncias falsas**: TS 22-11-89; TSJ Granada 23-2-17. O como en una sentencia reciente en la que una trabajadora de una empresa de limpieza denuncia a través de WhatsApp a su jefe que una compañera suya la estaba acosando, gritando y agrediendo, pero justo en ese momento, la supuesta agresora se encontraba reunida con el jefe (TSJ Aragón 11-12-23).

4875 **Transcurso del tiempo** Entre otros supuestos:

1. No se aprecia vulneración de la garantía de indemnidad aplicando el «criterio de selectividad» dado el tiempo transcurrido entre la reclamación por cesión ilegal y la comunicación del cese motivado por la supresión de programa que financiaba la contratación por razones presupuestarias, ni por la elección de los trabajadores afectados por el cese (**más de un año antes**) (TSJ Canarias 12-1-12).

2. Aunque la salida del trabajador de su empresa en junio de 2009 pudiera tener por causa la demanda por cesión ilegal que interpuso el trabajador y ello supusiera una vulneración de la garantía de indemnidad, lo cierto es que el trabajador pasó a partir de ese momento a prestar sus servicios en otra entidad, sin ningún tipo de dependencia o control por su anterior empresa, y cuando es despedido de esta última empresa había transcurrido **más de un año y medio** de esa situación, y por ello, cualquier acción de vulneración de derechos fundamentales instando la nulidad del despido ya había caducado (TS 22-1-19, EDJ 507521).

3. El TSJ Madrid señala un lapso de **más de dos años** (TSJ Madrid 28-9-22, núm 532/22).

4880 **Otros trabajadores con igual situación detonante pero no represaliados** Se trata de:

a) La existencia de otros trabajadores que han entablado acciones judiciales contra la empresa y no han sido despedidos.

b) El caso de un trabajador en idénticas condiciones de la demandante y que también se negó a aceptar el acuerdo de sus compañeros y que recibió idéntica comunicación de modificación de condiciones sin ser tampoco despedido.

c) La existencia de otros trabajadores que fueron despedidos con anterioridad con una comunicación del mismo tenor literal que el de la trabajadora.

Diversas resoluciones al respecto del TSJ Canarias, señalan que no se ha aplicado la garantía de indemnidad cuando, pese a la existencia de acciones reivindicativas, la **reacción de la empresa** ha sido la misma, afectando a varios trabajadores, tanto a los que realizaron iniciativas como a los que no, porque la Administración empleadora extinguió a su término todos los contratos para crear una Bolsa de contratación (TSJ Canarias 1-4-07; 12-2-08; 27-7-07).

También puede ser termino de comparación la situación del propio trabajador **4885**
en otros momentos. Esta prueba es fácil por ejemplo en los casos de **renovación** del contrato temporal o **no conversión** del contrato en indefinido, cuando la tendencia en los últimos años haya sido la contraria.

A sensu contrario, el TSJ Burgos, en cuanto a la extinción de uno solo de los dos contratos suscritos con el trabajador, por descentralización de servicios (TSJ Burgos 24-3-11). En contra, TCo 125/2008.

Capítulo 7. Aspectos procesales en la lucha con la discriminación

5300

1. Modalidad específica

La LRJS Cap.XI, Tít.II, dedicado a los procedimientos especiales o modalidades procesales específicas, del Libro II, regula en los art.177 a 184, el último procedimiento especial del Título, el procedimiento de **Tutela de Derechos Fundamentales y Libertades Públicas**. 5305

La trasposición de esta modalidad procesal desde la anterior LPL, entre otras **novedades** consigue el cambio de la denominación del proceso, que antes se refería únicamente a la Tutela de la Libertad Sindical, aunque se incluía también la tutela de los demás derechos fundamentales.

Después de regular en la LRJS art.177 la modalidad específica destinada a la protección de los derechos fundamentales y libertades públicas, la LRJS art.184, establece una **norma especial**, que afecta a un número importante de posibles reclamaciones, que deriva a los procedimientos específicos de cada una de ellas.

2. Demandas de ejercicio necesario a través de la modalidad procesal correspondiente

Se tramitarán inexcusablemente, con arreglo a la modalidad procesal correspondiente a cada una de ellas las demandas en las que invoque **lesión de derechos fundamentales** y **libertades** públicas en procedimientos seguidos en las materias de: 5310

a) **Despido** y por las demás causas de extinción del contrato de trabajo (LRJS art.103):

b) Las de **impugnación de sanciones** impuestas por los empresarios a los trabajadores (LRJS art.114).

c) Las de disfrute de **vacaciones** (LRSJ art.125).

d) Las de **materia electoral** (LRJS art.127).

e) Las de **modificaciones sustanciales de condiciones de trabajo**, las de movilidad geográfica, las de suspensión del contrato y reducción de jornada por causas económicas, técnicas, organizativas o de producción o derivadas de fuerza mayor (LRJS art.138).

f) Las de **derechos de conciliación de la vida personal**, familiar y laboral a las que se refiere el artículo (LRJS art.139).

g) Las de impugnación de **convenios colectivos** (LRJS art.163).

h) Las de impugnación de **estatutos de los sindicatos** o de su modificación (LRJS art.167).

A esas demandas se **acumularán** las pretensiones de tutela de derechos fundamentales y libertades públicas a las propias de cada modalidad procesal respectiva, tal como permite la LRJS art.26.2.

La **excepción** a esta regla es precisamente la invocación de la garantía de indemnidad como consecuencia de la represalia sufrida por la interposición de una demanda con otra pretensión frente al empresario, pues en ese supuesto no puede alegarse la tutela de derechos fundamentales en el procedimiento específico, pues se trata de actos posteriores, que tendrán que alegarse como vulneración de la garantía de indemnidad en el procedimiento de tutela de derechos fundamentales, salvo que la represalia por si misma deba encuadrarse por si misma en alguno de los procedimientos específicos.

3. Principios rectores

5315 El procedimiento de *cognitio* limitada, regido por los principios de preferencia y sumariedad, permite la solicitud de **medidas cautelares**, con intervención preceptiva del Ministerio Fiscal, admisión de la prueba indiciaria, de sentencia automáticamente ejecutiva y sujeta a recurso.

4. Especialidades del procedimiento de tutela

5320 En los siguientes apartados se hace referencia a las siguientes cuestiones: legitimación activa (nº 5325); legitimación pasiva (nº 5335); plazos (nº 5340); objeto (nº 5345); participación en el proceso (nº 5350); especialidades en la tramitación (nº 5355); y especialidades en la prueba (nº 5360).

5325 **Legitimación activa** (LRJS art.177.1) Tendrá legitimación activa, cualquier **trabajador o sindicato** como titulares de derechos fundamentales o víctimas de su vulneración, pero también, no siéndolo, por ostentar un interés legítimo, por el que se entiende una legitimación causal de la parte con el objeto del proceso. Ese **interés legítimo** puede darse tanto en casos de sucesión en el derecho, como en los casos de pertenencia a un colectivo víctima de una lesión, que por no ostentar personalidad jurídica propia no puede defenderse como tal, pero si ostenta legitimación cualquiera de los miembros del mismo (por ejemplo, TCo 214/1991, en el que una persona judía, descendiente de otros judíos, víctimas del genocidio por parte del nacionalsocialismo, reclama su derecho al honor que entiende vulnerado por una publicación en la revista Tiempo).

El **Tribunal Constitucional** ha declarado que este procedimiento no permite el ejercicio de la acción popular –así TCo auto 399/1982–, pero tampoco cabe confundir dicho **interés legítimo** con el **directo** (TCo 62/1982; 62/1983; 257/1988; 123/1989 y 47/1990).

Sin embargo, en el caso del interés legítimo, el procedimiento tendrá la *cognitio* limitada a los intereses del demandante, no a los del colectivo.

También tendrá legitimación activa la **representación unitaria**, a pesar de no habérsela reconocido expresamente el legislador en la LRJS art.177. Sin embargo, los tribunales así la reconocen por entender que el ET art.64 reconoce su legitimación activa para interponer demandas en materias laborales.

PRECISIONES Se estima la legitimación activa del **comité de empresa** para impugnar la decisión de la empresa de considerar que no pueden utilizar el correo electrónico para remitir denuncias o información que el comité quiere realizar (TSJ Cataluña 19-5-22, EDJ 609741).

Los sindicatos más representativos, así como entidades públicas o privadas que **5330** tengan entre sus fines la promoción y defensa de los intereses legítimos afectados, podrán actuar además como **coadyuvantes** del trabajador en el proceso de tutela. El coadyuvante no podrá recurrir ni continuar el proceso, si el trabajador no lo hace.

La doctrina viene apuntando que parece que esta figura de los sindicatos como adyuvantes solo tendría sentido en aquellos procesos en los que el derecho fundamental vulnerado fuera la libertad sindical. Sin embargo, la norma no parece limitarlo exclusivamente a ese derecho.

Por otro lado, al **Ministerio Fiscal** le corresponde defender la legalidad en los procesos de vulneración de derechos fundamentales (nº 5350).

Sin embargo, en el caso de **acoso**, el trabajador víctima del mismo será la única persona legitimada para reclamar la tutela que estime oportuna (LRJS art.177.4).

También tendrán legitimación los trabajadores autónomos dependientes **TRADE** (LRJS art.102.3).

La L 15/2022 art.29 ha sentado las bases para la ampliación de esta legitimación en lo relativo a la **defensa de los derechos humanos**, a políticos, sindicatos, asociaciones profesionales de autónomos, organizaciones de personas consumidoras y usuarias y asociaciones y organizaciones en general, legalmente constituidas, que tengan entre sus fines la defensa y promoción de estos derechos, cuando cuenten con autorización expresa de afiliados, asociados o usuarios. Pero para ello tendrá que producirse su inclusión en la LRJS. Lo mismo ocurre respecto a la legitimación de la **Autoridad Independiente para la Igualdad de Trato y la No discriminación**, para la defensa de derechos derivados de la igualdad de trato y de la no discriminación (L 15/2022 art.40.d y disp.final 2ª), siendo por ahora inviable su legitimación porque esa figura cuya creación se hizo hace ahora veinte años en la L 62/2003 y su regulación hace quince años a través de la LO 3/2007, a pesar de que la Ley 15/2022 disp.adic.1ª daba un plazo de seis meses para su instauración a través de Real Decreto, todavía no existe.

Legitimación pasiva (LRJS art.177.4) Se establece que la demanda podrá diri- **5335** girse tanto frente a la **empresa** como frente a **otro trabajador** o un **tercero**, con independencia del vínculo que le una al empresario. Solo será necesario la demanda específica frente a otro sujeto distinto del empresario cuando se pretenda una condena específica frente al mismo o pueda resultar afectado por la sentencia.

La empresa solo tendrá legitimación pasiva en este procedimiento si el demandante considera que ha incumplido su deber de haber evitado la vulneración del derecho fundamental, y se pretenda su específica condena por la sentencia.

La LRJS recoge un listado de **posibles demandados** (empleador, asociación patronal, Administración pública o cualquier otra persona, entidad o corporación pública o privada), pero no es un *numerus clausus* (LRJS art.182.1.b).

Por tanto, pueden reunir esta condición de demandados:

– otros trabajadores:
– los sindicatos;
– la representación unitaria;
– ETTs o trabajadores de las mismas;
– contratas o subcontratas o sus trabajadores;
– el servicio de prevención ajeno, etc.

5340 **Plazos** Los derechos fundamentales no prescriben, sin embargo, si lo hacen y también caducan, las acciones de los procedimientos específicos en los casos de demandas de ejercicio necesario (LRJS art.179.2):

• **Despido**, otras causas de extinción e impugnación de sanciones; tienen 20 días de caducidad (LRJS art.103 y 114).

• **Modificación sustancial de condiciones de trabajo**, movilidad geográfica, las de suspensión del contrato y reducción de jornada por causas económicas, técnicas, organizativas o de producción o derivadas de fuerza mayor y derechos de conciliación de la vida laboral y familiar, 20 días de caducidad (LRJS art.138 y 139).

• Las de disfrute de **vacaciones**, 20 días (LRSJ art.125).

• Las de **materia electoral**, 3 días (LRJS art.127).

5345 **Objeto** (LRJS art.179.3) La **demanda** debe contener:

1. Los hechos constitutivos de la vulneración.
2. El derecho o libertad infringidos.
3. Las cuantías de la indemnización pretendida.
4. En su caso, la especificación de los diversos daños y perjuicios, se excepciona el daño moral por su difícil estimación.
5. Las circunstancias relevantes para la determinación de la indemnización solicitada, incluyendo la gravedad, duración, consecuencias del daño, o las bases de cálculo de los perjuicios

La finalidad de este proceso de poder provocar efectos anulatorios, repositorios y resarcitorios se traduce en el alcance de la **sentencia** que resume los posibles pronunciamientos (LRJS art.182):

1. Si concede o no el amparo judicial solicitado.
2. Declarará la existencia o no de vulneración de derechos fundamentales.
3. Declarará la nulidad radical de la actuación del sujeto represor.
4. Ordenará el cese inmediato de la actuación contrario a los derechos fundamentales.
5. Dispondrá el restablecimiento del demandante en su derecho situación anterior a la vulneración del derecho fundamental.
6. Fijará la reparación de las consecuencias incluida la indemnización que procediera.
7. Dispondrá lo procedente sobre las medidas cautelares que se hubiera adoptado.

Participación en el proceso La intervención del **Ministerio Fiscal** está expresamente prevista en la LRJS art.177.3, en defensa de los derechos fundamentales y libertades públicas. 5350

La L15/2022 disp.final 2ª ha introducido la participación en el proceso de las **personas afectadas por haber sufrido la discriminación** que dio origen al proceso, en los procesos promovidos por la Autoridad Independiente para la Igualdad de Trato y la No Discriminación, los partidos políticos, sindicatos, asociaciones profesionales de trabajadores autónomos, organizaciones de personas consumidoras y usuarias y asociaciones y organizaciones legalmente constituidas, que tengan entre sus fines la defensa y promoción de los derechos humanos. Llamamiento al proceso, no dice el legislador en que condición, pero si dice cuál es la finalidad del llamamiento, para que puedan hacer valer su derecho o interés individual. Lo ha hecho introduciendo una modificación en la LEC, nuevo artículo 15 ter, en el que también regula el llamamiento por el Juzgado en estos procesos al Ministerio Fiscal para que valore su personación.

Además, también ha previsto, mediante modificación de la LEC art.217.5, que el juzgado podrá recabar de oficio o a instancia de parte, **informe de los organismos públicos competentes en materia de igualdad**, sobre la existencia de discriminación (hoy en día, Instituto de la Mujer y para la Igualdad de Oportunidades, organismo autónomo adscrito al Ministerio de Igualdad).

Especialidades en la tramitación Son las siguientes: 5355

a) Este proceso está exento de presentación de **conciliación previa** (LRJS art.63).

b) No permite la **acumulación** de ninguna otra acción (LRJS art.26.1).

c) **Preferencia a todos los efectos**.

d) Posibilidad de pedir **medidas cautelares** en la propia demanda tales como la suspensión del acto impugnado (LRJS art.180). Existen medidas cautelares específicas:

• En el caso de **vulneración de la libertad sindical**, solo se podrá pedir la suspensión del acto impugnado, cuando impida la participación de los candidatos en el proceso o el ejercicio de la función representativa.

• En el caso de **huelga**, cuando se impugnen la determinación de los servicios mínimos o los servicios de seguridad y mantenimiento para la reactivación de la actividad.

• En el caso de **acoso**, la víctima podrá solicitar la suspensión de la relación o la exoneración de prestación de servicios, el traslado de puesto o centro de trabajo, la reordenación o reducción del tiempo de trabajo o cualquier otra medida cautelar o medidas que puedan afectar al presunto acosador al que se le dará audiencia previa.

e) **Citación a juicio** dentro de los cinco días siguientes al de la admisión de la demanda.

d) **Sentencia** en el plazo de tres días desde la celebración del juicio. Sentencia escrita. No se admite sentencia *in voce* (LRJS art.50.1).

Especialidades en la prueba Son las siguientes: 5360

a) Distribución de la **carga probatoria**. Opera la inversión de la carga de la prueba. Una vez justificada la concurrencia de indicios de la violación, corresponderá al demandado la aportación de una justificación objetiva, razonable, suficientemente probado, de las medidas adoptadas y su proporcionalidad (LRJS art.96 y 181.1).

El demandado deberá probar que la medida es idónea, necesaria y equilibrada.

b) **Prueba verosímil o principio de prueba**. En estos procesos, el demandante se beneficia de una menor exigencia probatoria.

PRECISIONES La **flexibilización de la carga de la prueba** en estos procesos arranca del TCo 38/1981, en el que se resuelve el despido de un grupo de trabajadores que pidieron la celebración de elecciones y, una semana después fueron despedidos alegando la empresa causas económicas. En ese momento no existía ningún precepto que garantizara los derechos de los candidatos, pero el Tribunal Constitucional aplicando las decisiones y recomendaciones de la OIT, determina que debe ser el empresario el que debe probar que el despido, tachado de discriminatorio, obedece a motivos razonables extraños a todo propósito atentatorio a la libertad sindical, y que este principio se generalice a todos los trabajadores. La nulidad del despido significaría desde entonces, la ejecución de la sentencia en sus propios términos, sin posibilidad de sustitución por indemnización.

5365 Un principio de justicia, que opera en el tratamiento de las reglas de la prueba, apoya la conclusión de que asuma el empresario la carga de probar los hechos generadores de la extinción de la relación laboral, bien para **convalidar el despido** bien para **excluir su nulidad** por atentar contra un derecho constitucional. Lo que no significa que al demandante le baste con alegar la existencia de vulneración o discriminación. Es cierto que no se le va exigir prueba plena, pero si tendrá que acreditar la existencia de algún elemento que lleve al juzgador a pensar que es posible que se haya producido la vulneración del derecho fundamental denunciada. Una creencia racional de la posibilidad de una discriminación, de que la denuncia sea verosímil, una sospecha razonable.

Los principios de prueba más utilizados son:

– la **comparación** del trabajador demandante con otros trabajadores en igual situación;

– existencia de **antecedentes discriminatorios** hacia el mismo trabajador u otros (si la empresa hubiera sido requerida o advertida o sancionada por la Inspección de Trabajo por los mismos hechos con anterioridad); y

– la **externalización** de la causa lesiva.

5. Efectos

5370 Se pueden dar los siguientes efectos:

– anulatorios;

– repositorios; y

– resarcitorios.

5375 **Procedimiento específico de Tutela de Derechos Fundamentales**

Se declarará la nulidad del acto impugnado, ordenará el cese inmediato de la actuación lesiva, dispondrá el restablecimiento del demandante en la integridad de su derecho y la reposición de la situación anterior, pronunciándose expresamente sobre la cuantía de la indemnización que corresponda.

En las distintas modalidades procesales Se dan los siguientes efectos: **5380**

a) En las demandas de **despido**: nulidad del despido, condenando a la empresa a que readmita al trabajador en su puesto de trabajo en las mismas condiciones que regían antes del despido, así como al abono de los salarios dejados de percibir desde el despido hasta la readmisión.

b) En las demandas de **impugnación de sanciones** impuestas por los empresarios a los trabajadores: nulidad de la sanción adoptada por la empresa demandada.

c) En las de **disfrute de vacaciones** (LRSJ art.125): nulidad de la decisión empresarial de fijar el periodo de disfrute de vacaciones o de denegar la solicitud de disfrute de vacaciones en un determinado periodo (TSJ Sevilla, social 15-3-2018).

d) En las de **materia electoral**: nulidad del laudo que resuelve la impugnación de cualquier acto del proceso electoral, nulidad de la resolución administrativa que deniegue o registre las actas, la nulidad de las actas que recogen los resultados de las elecciones.

e) En las de **modificaciones sustanciales de condiciones de trabajo**, las de movilidad geográfica, las de suspensión del contrato y reducción de jornada por causas económicas, técnicas, organizativas o de producción o derivadas de fuerza mayor: nulidad de la modificación de las condiciones de trabajo efectuada por la demandada, y el derecho de la parte actora a ser repuesta a las mismas condiciones de trabajo que tenía antes de la misma, condenando a la parte demandada a estar y pasar por esta declaración.

f) En las demandas del procedimiento de derechos de **conciliación de la vida personal**, familiar y laboral: nulidad de cualquier discrepancia que se presente en materia de conciliación de la vida personal, familiar y laboral, y en relación a los derechos reconocidos legal y/o convencionalmente sobre esta materia.

g) En las de **impugnación de convenios colectivos**: nulidad total o parcial de determinados productos de la negociación colectiva, o de la conciliación o del arbitraje derivados de conflictos colectivos.

h) En las de **impugnación de estatutos de los sindicatos** o de su modificación: nulidad de la resolución administrativa que deniegue el depósito de los estatutos de Sindicatos o Asociaciones empresariales o de su modificación o nulidad total o parcial de los estatutos o sus modificaciones. Además, reconocerá la existencia de la vulneración de la garantía de indemnidad y se pronunciará sobre la indemnización que corresponda.

Indemnización reparadora Establece la LRJS art.183 que si se declara la **5385**
existencia de vulneración de derechos fundamentales, el juez debe pronunciarse sobre la cuantía de la indemnización. Por tanto, si hay vulneración tiene que haber reparación obligatoria.

Si hay **daños morales**, no es necesaria la acreditación de su existencia. Una vez reconocida la vulneración del derecho fundamental, el daño moral es consustancial a la misma.

Los tribunales han admitido abiertamente la **utilización de la LISOS** para la fijación de la cuantía de la indemnización por daños y perjuicios (TS 15-2-12, EDJ 45122; 8-7-14, EDJ 147572). El propio Tribunal Constitucional la ha considerado un parámetro razonable (TCo 247/2006).

La **cuantificación** del daño moral por lesión de la garantía de indemnidad derivado de la conducta infractora, puede basarse en las propias características de esta última (gravedad, reiteración y otras circunstancias concurrentes), utilizando como elemento delimitador el importe de la sanción establecida para la infracción en la LISOS, sin que pueda exigirse la aportación de bases más exactas y precisas para su determinación (TS 23-2-22, EDJ 518327).

También ha admitido nuestra jurisprudencia la utilización de los mínimos y máximos de las **sanciones administrativas** para modular la cuantía de la indemnización, así como las circunstancias atenuantes y agravantes que recoge LISOS art.39 (TS 20-4-22, EDJ 549606).

Se tipifica como **infracción muy grave** las decisiones del empresario que supongan un trato desfavorable de los trabajadores como reacción ante una reclamación efectuada en la empresa o ante una acción administrativa o judicial destinada a exigir el cumplimiento del principio de igualdad de trato y no discriminación, estableciendo en su art.40 sanciones que van de los 7.501 € en su grado mínimo a los 225.018 € en su grado máximo (LISOS art.8.12).

5390 Por el contrario, en relación con los **daños materiales**, los Tribunales han venido exigiendo la aportación de bases y elementos para fijar la indemnización y la acreditación de los elementos para fijar la condena, aunque sea con indicios.

Posibles **criterios** para fijar las cuantías de las indemnizaciones son entre otros (TSJ Galicia 15-12-22, EDJ 797974):

– la antigüedad del trabajador en la empresa;

– la persistencia temporal de la vulneración del derecho fundamental;

– la intensidad del quebrantamiento del derecho;

– las consecuencias que se provoquen en la situación personal o social del trabajador o del sujeto titular del derecho infringido;

– la posible reincidencia en conductas vulneradoras;

– el carácter pluriofensivo de la lesión;

– el contexto en el que se haya podido producir la conducta; o

– una actitud tendente a impedir la defensa y protección del derecho transgredido.

PRECISIONES **1)** Se concede indemnización por **falta de contratación** por importe de los salarios dejados de percibir, sin embargo desestima daños morales, por falta de bases para su cálculo, ni acreditación de sufrimiento psíquico o impacto emocional (TSJ C.Valenciana 12-12-08, Rec 3323/2008 dictada tras estimarse el amparo por la sentencia TCo 183/2007).

2) En supuestos en los que la represalia ha sido sacar a los trabajadores de las bolsas de empleo, la indemnización toma como parámetro el **promedio salarial** que hubieran percibido los demandantes por el tiempo entre que fueron excluidos de la bolsa y su nueva inclusión (TSJ Castilla y León 28-1-10) o los salarios correspondientes a los días en los que se contrató a trabajadores que tenían posición inferior en las listas (TSJ Navarra 20-11-13).

5395 La Ley 2/2023, regula específicamente el **derecho a ser reparado** de aquel informante frente al que el empresario haya adoptado represalias, mediante una indemnización de daños y perjuicios, estableciendo **multas** de hasta un máximo de un millón de euros (1.000.000 €).

Esta indemnización será **incompatible** con la que haya podido reclamar el mismo demandante en vía penal.

6. Ejecución

Las sentencias que se dicten en los procesos de tutela de derechos fundamentales son automáticamente ejecutivas, aunque sean recurridas. **5400**

Y está prevista específicamente la **ejecución provisional** con un trámite especifico en aquellos supuestos de nulidad del despido.

7. Recurso

Cualquier proceso en el que la pretensión sea el reconocimiento de la vulneración de los derechos fundamentales, incluso cuando sea mediante del ejercicio de la acción a través de una modalidad procesal específica, tendrá acceso al recurso de **suplicación**. **5405**

Bibliografía

CABEZA PEREIRO, J. y VIQUEIRA PÉREZ, C.: «Igualdad y no discriminación laborales tras la Ley 15/2022», *Los diez esenciales de Aranzadi*, nº 3, Aranzadi.

CARRATALÁ TERUEL. J.L.: «Sobre el derecho de indemnidad y la carga de la prueba en despidos contrarios a derechos fundamentales», *Dialnet*, nº 3, 1999.

CHARRO BAENA, P.: «Conceptos y categorías jurídicas sobre discriminación y su interpretación», *Una visión transversal del derecho a la igualdad. Ley 15/2022, de 12 de julio*. Madrid: Sepín, 2023.

DÍEZ PICAZO-PONCE DE LEÓN, L.: «Notas sobre el derecho a la tutela judicial efectiva», *Poder Judicial*, nº 5, 1987, pág. 41.

FOLGOSO OLMO, A.: «La Garantía de Indemnidad», *Colección de Derecho del trabajo y Seguridad Social*. Madrid: Agencia Estatal Boletín Oficial del Estado, 2021, pág.48.

GONZÁLEZ DEL REY RODRÍGUEZ, I.: «Garantías judiciales y administrativas de la igualdad de trato y la no discriminación en el trabajo en la Ley 15/2022», *Revista Multidisciplinar de Estudios de Género*, nº 2/2023.

GUTIÉRREZ PÉREZ, M.: «El procedimiento de tutela de los derechos fundamentales en la Ley 36/2011 de la Jurisdicción Social: ámbito material, legitimación, carácter potestativo y plazos de interposición», *Revista española de Derecho del Trabajo*, nº 155/2012, Civitas.

LOUSADA AROCHENA, J.F.: «Ley 15/2022, de 12 julio, integral para la igualdad de trato y la no discriminación: incidencia en el Derecho del Trabajo», *Revista Jurisprudencia El Derecho*, 23-11-2022.

SEGOVIANO ASTABURUAGA, Mª L.: «La discriminación en las relaciones laborales», en VV.AA: *En torno al Estatuto de los Trabajadores: Un homenaje a D. Juan Antonio Sagardoy* (coord.: Abad Tejerina, P. y Sáez Carbó, R.). Madrid: Sepín, 2023.

Tabla Alfabética

A

B

C

D

G

H

I

J

L

M

N

O

P

Q

R

S

T

V

Este libro se acabó de imprimir
en Enero de 2024
por Printing'94, S. L.
Paseo de la Castellana, 93, 2° – 28046 Madrid